Viver, morrer e o depois...

Dados Internacionais de Catalogação na Publicação (CIP)
(Câmara Brasileira do Livro, SP, Brasil)

Skitnevsky, Ilana
  Viver, morrer e o depois... – Perguntas e respostas fundamentais / Ilana Skitnevsky. – São Paulo : Ágora, 2012.

ISBN 978-85-7183-100-1

1. Diálogos 2. Espiritualismo 3. Mediunidade 4. Mensagens 5. Morte 6. Parapsicologia 7. Perguntas e respostas 8. Reflexões 9. Vida espiritual 10. Vida futura I. Título.

12-04427   CDD-133.8

Índice para catálogo sistemático:

1. Mestres espirituais : Mensagens : Parapsicologia 133.8

Compre em lugar de fotocopiar.
Cada real que você dá por um livro recompensa seus autores
e os convida a produzir mais sobre o tema;
incentiva seus editores a encomendar, traduzir e publicar
outras obras sobre o assunto;
e paga aos livreiros por estocar e levar até você livros
para a sua informação e o seu entretenimento.
Cada real que você dá pela fotocópia não autorizada de um livro
financia o crime
e ajuda a matar a produção intelectual de seu país.

Viver, morrer e o depois...
Perguntas e respostas fundamentais

ILANA SKITNEVSKY

EDITORA ÁGORA

VIVER, MORRER E O DEPOIS...
Perguntas e respostas fundamentais
Copyright © 2012 by Ilana Skitnevsky
Direitos desta edição reservados por Summus Editorial

Diretora editorial: **Edith M. Elek**
Editora executiva: **Soraia Bini Cury**
Editora assistente: **Salete Del Guerra**
Capa: **Buono Disegno**
Foto da capa: **Vicente Augusto de Carvalho**
Projeto gráfico: **Alberto Mateus**
Diagramação: **Crayon Editorial**
Impressão: **Sumago Gráfica Editorial**

Editora Ágora
Departamento editorial
Rua Itapicuru, 613 – 7º andar
05006-000 – São Paulo – SP
Fone: (11) 3872-3322
Fax: (11) 3872-7476
http://www.agora.com.br
e-mail: agora@agora.com.br

Atendimento ao consumidor
Summus Editorial
Fone: (11) 3865-9890

Vendas por atacado
Fone: (11) 3873-8638
Fax: (11) 3873-7085
e-mail: vendas@summus.com.br
Impresso no Brasil

Dedico este livro ao **meu pai**, pela sua lição de vida, pelo seu olhar de carinho e seu amor intenso.

Agradeço ao **Moisés**, meu marido, amigo de tantos anos, que me acompanhou nos caminhos da meditação e nos encontros espirituais com o Mestre.

A **Zita Bressane** meu reconhecimento pelo estímulo que dela recebi para a difícil tarefa de escrever este livro.

Sumário

Introdução 9

Minha história 11

Parte 1
Perguntas e respostas 15

Parte 2
Temas para reflexão 129

Mensagem especial 201

Posfácio 203

Toda luz que ilumina
a escuridão é abençoada.

Introdução

TODOS TEMOS NESTA VIDA um caminho a trilhar, e eu acredito que se soubéssemos mais a respeito da vida e da morte – e da vida após a morte – poderíamos direcionar melhor a trilha de nosso destino.

Este livro pretende trazer esclarecimentos sobre esses assuntos de maneira simples, respondendo a perguntas que tantas vezes nos fazemos, no íntimo de nossa alma, e das quais podem depender inúmeras decisões que definirão a nossa vida.

São respostas dadas pelo meu Mestre Espiritual, que me incumbiu de transmiti-las por meio deste livro. Não se trata de textos psicografados. Transcrevo o que presenciei quando, através da minha mediunidade e da meditação, participei de encontros com o Mestre no plano espiritual.

Nesses encontros, em que havia pessoas como eu, vivas, e um grupo de pessoas desencarnadas, ele respondia às perguntas que lhe dirigíamos e comentava temas por ele propostos para reflexão e meditação.

Várias questões sobre os mesmos assuntos se repetem nesta obra, assim como se repetem no decorrer da vida. Mas as respostas do Mestre vão se diferenciando, se aprofundando ao longo do livro, numa pedagogia que acompanha os passos do nosso crescimento espiritual.

Exponho aqui, portanto, os ensinamentos que recebi do Mestre na forma de perguntas e respostas. Meu objetivo é revelar a vocês, o mais fielmente possível, como ocorreram essas vivências espirituais.

Não se trata de merecimento especial, mas da possibilidade que nos é dada a todos: nossos pensamentos são energia, que é um ímã, e pela prece, pela meditação ou pela mediunidade podemos fazer essa conexão com as energias espirituais.

Minha história

Foi uma longa trajetória – desde minha infância, quando tive as primeiras manifestações de visões e premonições – até atingir o pleno desenvolvimento da mediunidade com a ajuda do Mestre. Eu o recebi a primeira vez por incorporação. Ao se apresentar, ele disse que era responsável pelo Plano Médico do Oriente, um dos inúmeros planos espirituais, e que sua tarefa era instruir e orientar. Ele se tornou assim o primeiro Mestre desse outro mundo que me vinha sendo apresentado havia muito tempo, porém sem nenhuma explicação. Isso me causava enormes atribulações, conforme conto em meu livro *Quando coisas estranhas começam a acontecer* (Ágora, 2005).

Escrever aquele livro foi minha primeira incumbência. Certa vez, ele me disse: "Você vai ter de escrever". Fiquei contente, pois pensei que ia psicografar. Mas quando revelou que a escrita seria fruto do meu esforço, levei um susto: eu jamais havia escrito coisa alguma.

Com sua cobrança persistente diante da minha demora, escrevi e publiquei um relato da minha trajetória espiritual.

Era uma missão, um gesto de solidariedade para com as pessoas que se defrontavam com os mesmos medos, ansiedades e perplexidades em função de manifestações de fenômenos espirituais incompreensíveis para quem não sabe do que se trata.

Tive também a oportunidade de ser transportada para o Plano Médico do Oriente, onde vive o Mestre, por meio de desprendimento durante o sono ou de meditação. Pude vê-lo, então, meu sábio e querido Mestre de tanto tempo: um homem aparentando mais de 100 anos, com feições orientais de chinês, barba rala e branca, calvície bem acentuada, restando-lhe pouco cabelo comprido e todo branco. Ele caminha com as costas encurvadas. Uma figura pequena, de túnica clara, que apesar da estatura impressiona pela imponente força de sua sabedoria e pela bondade e suavidade que emanam dele.

Lá, onde ele me recebe sempre com sorrisos e alegria, ouço seus ensinamentos e os de outros mestres, conforme conto detalhadamente no livro ao qual me referi.

Uma nova tarefa

Passado um tempo, quando me considerou pronta, o Mestre me pediu que escrevesse outro livro, dessa vez com a finalidade de transmitir o conteúdo do que estava sendo ensinado nos encontros do Plano.

São temas que povoam a mente e a alma das pessoas e, quando esclarecidos, nos fazem encontrar a paz e nos estimulam a enfrentar com coragem a oportunidade da nova caminhada.

É de uma paisagem linda no Plano Espiritual, para o qual a meditação me transporta, que, a pedido do meu Mestre, trago-lhes os ensinamentos desses encontros, reunidos neste livro destinado a todos vocês.

Parte 1

Perguntas e respostas

São 6 horas da tarde.

Como em todas as manhãs e tardes nesse mesmo horário, me preparo para o encontro com o Mestre.

Cerro os olhos e me concentro.

Estou agora num lindo jardim no alto de uma montanha.

Não estou só. Observo um grupo sentado na relva.

Sento-me com eles.

Diante de nós, o Mestre.

A meditação trouxe-me a este campo do plano espiritual onde, junto daqueles que, como eu, vieram ao encontro do sábio, ouvimos as palavras que nos guiam e serenam nossas inquietudes.

Recebo a intuição, ouço nossas perguntas – as minhas e as vindas não sei de quem à minha volta – e absorvo os conceitos de suas respostas.

E transcrevo-as aqui, perguntas e respostas que passam pelo crivo de minha consciência.

Iniciemos pelas palavras do Mestre:

Somos todos energia, como tudo na natureza.

Energias ainda em transformação, e muitas delas em desequilíbrio, o que ocasiona, na natureza, tempestades, catástrofes, desastres de todo tipo. E em nosso interior, como filhos do mesmo planeta, quando a energia que somos está em desequilíbrio também acontecem grandes tempestades e até verdadeiros furacões.

Enquanto não conseguirmos a harmonia dentro de nós com as pessoas, a natureza e tudo que a ela pertence, continuaremos vivenciando sofrimentos, acidentes, catástrofes e dificuldades de todo tipo. Porque tudo e todos estão ligados e correlacionados na mesma corrente de energia.

Mestre, por que há tanta dor e sofrimento no mundo?

O que parece sofrimento a você na verdade existe para seu engrandecimento e sua transformação. Necessitamos do sofrimento para com ele aprendermos a ser mais pacientes, generosos e menos egoístas.

A paciência é uma dádiva que devemos cultivar ao longo da vida, principalmente nos momentos difíceis de sofrimento, seja ele físico ou mental.

É importante que compreendamos o sofrimento não como uma penitência, mas como um alerta que nos protege de problemas muito maiores.

No caso de dores físicas, elas nos alertam para procurarmos ajuda e muitas vezes nos salvam a vida. A dor representa, assim, uma bênção; sem ela ficaríamos muito mais frágeis. No caso de sofrimento mental, isso nos instiga a meditar mais sobre o assunto, e nos leva ainda a aprender com ele.

E por que existe a morte?

O homem tem de se acostumar com a ideia de que Vida e Morte significam sempre renovação.

Nós nos renovamos do nascimento até a morte e da morte até o renascimento.

A morte é a continuidade da vida e a vida é a continuidade da morte.

Existe, de fato, a continuidade após a morte?

Observem a natureza: tudo que é vivo e tem energia renasce.

E tudo é energia que flui.

Energia não se perde, se transforma.

Se nós somos energia, por que não acreditar que somos eternos, só nos transformamos, nos renovamos, evoluímos?

∽⊖

Se ao renascer nos transformamos, por que as pessoas ainda são tão diferentes entre si? Por que existem homens sábios, homens bons e outros ainda tão embrutecidos?

O mesmo acontece na natureza: existem flores maravilhosas, com perfumes inigualáveis, e também outras que não conseguem sequer se desenvolver.

Existem montanhas gigantescas e também pequenas elevações de terra. Todas fazem parte da mesma natureza.

Querer que um ser humano que ainda está se desenvolvendo espiritualmente tenha a mesma sabedoria de um mestre é querer encurtar caminhos, saltar etapas.

O crescimento também implica que aceitemos tudo e todos como eles são.

Cada qual tem o seu tempo, tudo vem a seu tempo.

Por que muitas vezes encontramos em nosso caminho verdadeiros inimigos mascarados de familiares, colegas de trabalho ou amigos?

Eles não são seus inimigos, e sim seus professores. Professores de paciência, compreensão, crescimento.

Verdadeiros inimigos são aqueles que não se revelam, que nos querem mal e guardam mágoas, ressentimento e ódio dentro deles. Esses, sim, enviam-nos energias descontroladas que podem nos prejudicar e até nos causar doenças.

Enquanto puder dialogar com aqueles que se revelam, com os quais você se defronta, e até aprender a transformá-los, você estará crescendo.

Como evitar que mágoa e rancores afetem a nossa energia?

O pensamento é uma energia viva. Se você tem mágoas, automaticamente a vibração do seu pensamento muda de patamar, deixa de ser positiva.

Para que você possa limpar essas mágoas, exponha-as, coloque-as para fora.

Troque ideias com quem o magoou ou converse com amigos; às vezes enxergamos erroneamente os fatos e expondo-os temos uma chance maior de resolvê-los.

E o que fazer por esses inimigos ocultos? Como encontrá-los?

Nós não temos consciência da existência deles, que podem ter sido adquiridos ou se juntado a nós por laços de ódio de alguma vida passada.

Aconselho-o a rezar e meditar sempre.

Com a força da prece ou da meditação, você se fortalecerá e colocará em volta de si uma barreira energética que afastará qualquer negatividade que venha de fora.

Você também pode se transformar, melhorar interiormente, afastando assim esses inimigos que só caminham do nosso lado se estivermos sintonizados com eles, na mesma frequência de pensamento e de vibração.

É a lei da sincronia: energias iguais se atraem, sejam elas de amor ou de ódio.

Quando o senhor fala em rezar, acredita que pessoas extremamente religiosas estão livres de seus desafetos de vidas passadas?

Com relação a "extremamente religiosas", digo que todos os excessos são descontrole.

Em qualquer credo, rezar significa elevar pensamentos e sentimentos bem acima de si mesmo, conectando-se assim com energias superiores inteligentes e mais puras, que responderão enviando energias em forma de vibrações, amparando-o da forma que for melhor para seu engrandecimento – e até, como sabemos, operando milagres.

Então milagres existem?

Claro que sim. Você os vê todos os dias e a toda hora, basta observar a natureza e perceber que em tudo o milagre da vida está presente.

Vejamos o desabrochar de uma flor. Embora vocês possam querer dar a isso uma explicação científica, ou qualquer outra explicação, eu diria que é o milagre acontecendo na natureza, graças ao próprio milagre da criação do mundo, dos seres vivos, do universo.

Milagres estão sempre acontecendo.

Às vezes é difícil compreender.

Não queira compreender. Ouça com o coração e a mente e faça suas escolhas com discernimento.

Muitas vezes os nossos problemas vêm de fora e não têm relação com nossas vidas passadas ou com a forma como agimos; eles podem vir de governantes inescrupulosos, violentos e até insanos. O que devemos fazer para não ser afetados por tudo isso?

A vida é cheia de provações e dificuldades, você sempre encontrará pelo caminho adversidades e lutas, sejam elas por razões cármicas ou para seu aprimoramento e evolução.

Necessitamos lutar para conseguir sobreviver e, dependendo da situação, precisamos nos fechar para a nossa proteção. Feche-se, não comente seus pensamentos, guarde-os para quando tempos melhores vierem.

Como na natureza depois da tempestade sempre chega a bonança, para nós, seres humanos, sempre depois de uma grande dificuldade vem o aprendizado.

Nunca se transforme em um poço de ressentimentos. Ao contrário, aproveite um tempo de introspecção para meditar mais e compreender melhor.

Mas às vezes não vivemos o bastante para ver a calmaria. Que fazer então?

Engano seu, pois se você souber morrer com dignidade, amor no coração e fé em dias melhores – enfim, com uma boa atitude e bons pensamentos – a calmaria chegará antes do que possa imaginar.

O senhor fala como se a morte fosse uma festa. Se assim é, por que lutamos tanto para viver, e por que temos medo da morte?

Existe o instinto de preservação.

Veja os animais e as plantas: todos procuram alimentos e proteção para não morrer.

Para nós, a morte é ainda o grande desconhecido que tememos, especialmente aqueles que têm dificuldade de aceitar o conceito de reencarnação.

E, mesmo para aqueles que aceitam esse conceito, a separação de seus entes queridos, amigos e de tudo de bom e maravilhoso com que a vida nos presenteia é uma grande barreira e dificuldade.

O senhor acredita em Deus, Mestre?

Todos devemos acreditar em uma Energia Suprema muito maior do que a nossa.

Se formos só um pouquinho inteligentes, veremos que a natureza e a criação são algo imensamente maior do que podemos compreender por enquanto.

Como você explicaria essa conexão e esse intercâmbio entre mim e vocês?

Como explicaria o universo e seu constante crescimento?

෧⊖

Faz muitos anos que me separei de meus familiares, pois faleci bem jovem. Sinto muita falta deles e às vezes até me desespero. O que fazer para reencontrá-los? [*]

Meu caro filho, família somos todos nós.

Aqui não estamos sós e não devemos, por isso, nos sentir sós.

Laços de amor, consanguinidade, amizade – e até mesmo de ódio – nos conectam ao reencontro sempre.

---

[*] Essas perguntas foram formuladas por diferentes pessoas, sendo que algumas delas já deixaram o corpo físico.

É só uma questão de tempo.

Enquanto isso, sugiro que você pratique a paciência e a caridade para com os outros. Assim você perceberá que tem ao seu lado agora muito mais amigos e familiares do que imagina.

O senhor nos diz que quando uma luz se apaga outra sempre se acende. O que isso significa exatamente?

Como a vida é sempre repleta de bons e maus momentos, nunca podemos afirmar que sabemos o que vai nos acontecer amanhã, mas podemos dizer que se algo de ruim nos acontecer algo de bom também nos acontecerá.

Aproveite para meditar sobre isso, e você observará que mesmo na maior desgraça coisas boas começam a tomar forma.

É muito bom ouvir, aprender com suas lições, mas é bem difícil segui-las, devido à complexidades dos nossos problemas. Inúmeras vezes perdemos a paciência, pois somos humanos. Que devemos fazer para melhorar?

Realmente vocês gostam de usar a desculpa do "somos humanos", esquecendo de contar quanto se destemperam, deixando por isso de ter paciência com a família, com o trabalho, com o próximo e até com vocês mesmos.

De que lhes serve perder a paciência, senão só para arranjar mais problemas?

De que lhes serve reclamar e espezinhar as pessoas a respeito de algo que só vocês poderão enfrentar e resolver?

Vocês devem meditar sobre o assunto e deixar a paciência prevalecer sempre.

Quando não temos mais esperança de viver e o nosso corpo está consumido pela doença, o que o senhor nos sugere fazer?

Meus amigos, a hora chega para todos. Para alguns, através de doenças longas que limpam e expurgam as impurezas de nossa alma; para outros, das mais diversas formas, por uma morte súbita ou ainda por vários tipos de desligamento.

Em nenhum dos casos o final é diferente, passaremos do estado físico para o estado espiritual.

Todos vamos, de uma maneira ou de outra, morrer e depois reencarnar. É só uma questão de tempo.

Na natureza, tudo nasce, cresce, morre e se transforma.

É a lei, e dela não podemos fugir, escolher ou barganhar.

A minha sugestão de ajuda, em todos os casos, é sempre a prática da meditação, da religiosidade íntima, do processo mental de limpar da mente todos os nossos problemas, os maus pensamentos, e, ao nos lembrarmos de algum desafeto, perdoá-lo. Esses simples hábitos reacenderão nossa luz e vão nos trazer a paz interior – tão importante e significativa nessa hora.

E, perante o ente querido que está prestes a terminar seu tempo na Terra, são o seu amor, a sua compaixão e a sua paciência que vão ajudá-lo a se recuperar mentalmente, reacendendo sua aura de paz e luz interior, levando-lhe a tranquilidade que ele precisa ter nessa hora.

Quanto a você, pode sentir-se tocado pelo doente, mas nunca penalizado nem receoso, e sim confiante, por saber que ele se aproxima de mais uma graduação no espaço de vida momentaneamente encarnada.

Somos aqui apenas simples aprendizes e devemos aceitar os desígnios traçados para nós. Além da paciência, o que mais o senhor nos aconselha?

Existe um erro quando você diz que devemos aceitar os desígnios traçados para nós, pois a ninguém o destino está predeterminado, estamos aqui para construí-lo por meio das atitudes que tomamos em nossa vida.

Devemos aprender a não nos aborrecer com facilidade, e de tudo e em tudo aprender uma lição de vida.

Na escola em que vocês estudam agora, o importante não é tirar boas notas, mas sim ficar feliz com o que são e com a pessoa melhor que se tornarão.

A vida é como uma corrida de obstáculos na qual não vence aquele que ultrapassou todos, mas sim aquele que aprendeu com cada um deles.

∞

Venho de uma família muito grande e pobre. Tenho vários irmãos e não me sinto ligado a nenhum deles. Como o senhor explica isso se, pelas leis da reencarnação, nascemos ligados àqueles com os quais temos vínculos, como laços de amor ou de ódio?

Não pense que somos perfeitos nem que estamos perto de sê-lo, lembre-se de que todos na humanidade fazemos parte da família universal, e dentro dela estão os seus irmãos.

Comece a ser mais caridoso com eles, independentemente de saber essa resposta: só isso basta para que você descubra ou reavive os laços adormecidos do amor fraternal.

Sabemos que é na família que estão situados os nossos maiores afetos e também os nossos grandes desafetos, e por isso mesmo a caridade deve começar no lar.

Precisamos nos esforçar para nos tornar pessoas melhores e mais compreensivas, e é por isso que em família, às vezes, enfrentamos situações extremamente difíceis e penosas.

Mestre, toda vez que me sinto triste por qualquer razão, mentalizo as flores de um jardim e essa tristeza quase some por encanto. Por que isso acontece? Seria por que me conecto com energias positivas?

Todos somos energia que se une a outras afins, e só chegaremos a ter a paz total no dia em que conseguirmos equilibrar nossa energia com todas as outras da natureza, transformando tudo em amor e respeito. Então, sem dúvida essa prática de se conectar em pensamento com uma energia pura e benéfica como a das flores é uma grande ajuda e um bom começo.

As catástrofes na natureza também são demonstrações de energia. Por que elas acontecem?

Tudo na natureza é energia em transformação, assim como nós somos.

Sabemos que o planeta Terra, tanto quanto os seres humanos que habitam nele, está em adaptação e amadurecimento.

Qualquer desequilíbrio que aconteça, seja ele proveniente da própria natureza ou de uma única pessoa, afetará toda a energia que estiver por perto. Os nossos pensamentos são energias criativas e transformadoras, e os maus pensamentos poderão sobrecarregar a atmosfera de partículas negativas e agressivas.

O homem deve se conscientizar da sua participação em vários acontecimentos que poderão causar uma série de catástrofes. Além de seus pensamentos negativos, podemos falar no uso abusivo dos recursos naturais, que lesam a fauna e a flora sem a devida e necessária recuperação do ambiente.

Quando o homem se conscientizar realmente de que tudo e todos estão interligados, dará mais atenção ao equilíbrio de seus pensamentos e poderá colaborar verdadeiramente na preservação da natureza.

Como eu já disse antes, o próprio planeta, como nós mesmos, está ainda em evolução e crescimento, portanto estamos juntos nessa escalada para a perfeição.

∾

Mestre, entre seus ensinamentos o senhor distinguiria um especial destinado a todos nós, sem discriminação?

Em primeiro lugar, espiritualmente não existem diferenças ou barreiras entre os vivos e os mortos.

Todos somos energias vivas e atuantes e, no nosso caso, estamos momentaneamente ligados pela mesma vontade de aprender e progredir.

O ensinamento que eu daria a todos vocês é o de sempre: "amai-vos uns aos outros". E completaria: passem adiante tudo aquilo que aprenderem e prossigam.

A vida e a evolução caminham sempre para a frente, não ficam estagnadas nem voltam para trás.

Aprenda a amar o próximo como ele é hoje, aceitando suas fraquezas e falhas, e ensinando com suas atitudes que o mundo e as pessoas podem se tornar melhores.

O senhor nos diz para esquecer as mágoas, mas, quando alguém deixa de viver porque foi assassinado, como perdoar o assassino, esquecer e caminhar para a frente?

Tudo na natureza caminha para a frente. Até o relógio, inventado pelo homem, acompanha o progresso do tempo.

Como ficar ligado a tamanha monstruosidade se o culpado não é você?

Por que continuar sofrendo se você tem todo o caminho de aprendizado e de amor para seguir?

Sim, esqueça e siga em frente, porque o coitado que lhe fez mal tem a percorrer o caminho de espinhos que ele mesmo plantou, amargo e tortuoso, até que um dia ele se equilibre novamente e pague a dívida que contraiu com todos aqueles que lesou.

O que podemos fazer para começar a nos iluminar interiormente?

Meditação! Meditem sempre.

Pela meditação encontramos o nosso eu interior e passamos a nos compreender melhor, perdoando nossos erros e aprendendo com eles a acertar mais para nos tornarmos melhores.

E como se consegue praticar uma boa meditação?

A meditação é um estado sutil da mente, quando se deixa de pensar no corpo e se foca no mundo interior.

A verdadeira meditação transcende essa fase, não existem mais pensamentos. É como se alcançássemos o ápice da paz e do equilíbrio.

Para chegar a esse estágio, temos de começar pelos nossos pensamentos, deixando que passem sem dar atenção a eles.

Em segundo lugar, relaxa-se bem o corpo e, com a respiração ritmada, imagina-se ou pronuncia-se um mantra, repete-se um som, uma palavra ou frase de prece.

Isso ocupará sua mente de forma absoluta, ensinando-o e substituindo seus pensamentos, para que você possa adentrar na terceira fase da meditação, que é a do total equilíbrio consigo próprio e com o ambiente em que você está física e espiritualmente.

Costumo ensinar algumas regrinhas que poderão ajudar os iniciantes:

- Imagine-se num lindo campo cheio de flores.
- Aproxime-se das flores, chegando cada vez mais perto.
- Sinta o seu perfume e fixe o olhar em uma delas.
- Sinta o vento batendo em seu rosto e também levando uma pétala dessa flor para longe.
- O vento leva seus pensamentos da mesma forma que leva a pétala da flor, até que essa pétala caia num riozinho de águas límpidas e tranquilas.
- Acompanhe esse riozinho até que ele desemboque em um rio maior, mas igualmente tranquilo.
- Agora, eleve o pensamento, olhe para o céu, já virou noite, noite estrelada.
- Faça uma prece imaginando a luz de uma das estrelas envolvendo você, sua família e todos aqueles que você quer ajudar.
- Agradeça aos céus, ao Pai, a algum santo ou a um grande mestre por todas as bênçãos.

- Agora deixe o pensamento fluir.
- Não se prenda a nada.
- Permita que seus pensamentos passem por você sem fazer caso deles.
- Agora eles se acalmaram e já estão indo embora.
- Fique o máximo de tempo assim, sem pensar em nada.
- Se precisar, entoe um mantra ou um som que ocupe seus pensamentos.
- Vá retornando vagarosamente à sua consciência.
- E agora pense se tem algum problema que precisa ser resolvido.
- Ponha o problema em uma faixa de luz branca.
- Imagine-se resolvendo-o.
- Se acaso for uma doença física, imagine essa luz iluminando e curando a doença ou resolvendo o problema.
- Agradeça novamente a chance.
- Termine a meditação.

Os resultados sempre serão colhidos, a saúde sempre terá melhoras e o humor, as energias e a proteção sempre aumentarão muito.

Podemos ensinar essa regrinha a todas as pessoas? Àquelas que têm fé e às que não têm?

Claro, a meditação independe da fé, da religião, de tudo.

Quando a pessoa começa a meditar, ela se conecta com uma energia superior, e colhe por isso mesmo resultados positivos.

Muitas pessoas acreditam que o espírito de um morto acompanha o seu funeral. Se isso é verdade, sempre acontece?

Isso só acontece se o morto ainda estiver ligado à sua vida terrena, se ele não se desligou do desespero, da saudade, da dor ou dos seus bens materiais.

Isso poderá levar algum tempo, e é por essa razão que devemos procurar ajudá-lo nessa hora difícil e nova para ele.

Aquele que tiver aprendido que a morte é a continuação da vida não precisará passar por esse estágio.

Morrer às vezes é tão assustador quanto nascer, mas tanto um como o outro são dignificantes e belos.

O que o senhor me diz sobre crianças pequenas que morrem? Como consolar seus pais?

A natureza é sábia e sempre benevolente. Não pense que isso é castigo, mas sim que a criança passou de ano, graduou-se muito mais depressa do que nós.

Quanto a seus pais, consolá-los com palavras nessa hora é quase inócuo.

Devemos elevar os pensamentos para que a energia espiritual ajude-os nesse difícil e, para eles, incompreensível momento.

É possível uma energia pensante se fundir a uma energia diferente, como a das plantas ou dos animais?

É mais simples do que parece.

Imagine que, em essência, todas as energias são iguais. Se você conseguir se sentir como elas – e para isso precisará ser humilde, compreensivo e ter capacidade de se conectar às mais altas e puras energias –, então você terá conseguido.

Lembro-me de uma vez, Mestre, em que fiquei encantada com a beleza e a serenidade de um parque na China e iniciei uma meditação. Nela me conectei com o senhor, que recomendou que eu não observasse somente a beleza local, que procurasse sentir também todos os aromas e ouvir todos os sons, até mesmo o de uma simples folhinha caindo na água.

Eu quis levar você a perceber como tudo na natureza pertence a uma mesma base energética.

E naquela meditação pude vivenciar algo excepcional: vi que tudo e todos naquele parque emitiam uma luz branca. Parecia que brilhavam... Brilhavam o lago, as pedras, as árvores, as folhas, os insetos; até o vento parecia carregar partículas de luz. A primeira impressão era de que um pó de ouro branco revestia tudo, mas esse pó emitia luz viva em movimento. Até mesmo as pedras brilhavam. Foi algo inesquecível e muito edificante para mim.

O mais importante para todos é compreender que devemos honrar, amar e respeitar esse profundo e imenso mundo da natureza a que pertencemos.

Mestre, parece que os homens estão começando a ter uma consciência maior da ecologia, da preservação do nosso planeta. É a esse tipo de ensinamento que o senhor se refere quando fala sobre nossas responsabilidades?

Sim. O homem está percebendo que a todo erro corresponde uma reação. Já viram, por exemplo, que se desmatarem terão secas em consequência, e que muitas catástrofes poderão ser evitadas se lutarem pela preservação da natureza – o que significa, na realidade, a preservação do próprio homem na Terra.

Pena que o nosso encontro terminou por hoje. Por que só temos poucas lições de cada vez?

Para que tenham tempo de refletir sobre cada uma delas.

❧

Se a vida passa tão depressa e nada é permanente, por que amealhamos fortunas?

Você se lembrou de uma questão bem importante.

O homem que pensar apenas em amealhar fortunas e se esquecer de amealhar as fortunas interiores será o pobre do futuro.

O homem sempre se engana com ilusões.

O dinheiro é uma ilusão barata, a sabedoria, uma riqueza grande.

Portanto, medite sobre o seu engrandecimento para que tire sempre o melhor proveito da vida.

Sendo a vida muito rápida, por que não posso somente aproveitá-la?

Sim, você deve aproveitá-la o máximo possível, da maneira correta: aprendendo, ensinando e se enriquecendo interiormente.

O homem rico não é aquele que conquistou fortunas, mas aquele que cresceu interiormente.

Como ter certeza de que estamos no caminho certo?

Seu coração lhes dirá, pois ele é a bússola interior que nos guia e avisa quando estamos na direção errada.

Mas muitas vezes, na vida, precisamos tomar decisões difíceis. Como saber se estamos do lado correto?

Mentalize-se do outro lado e imagine se você gostaria de vivenciá-la. Será bem mais fácil.

∽

Mestre, o ciúme é destrutivo?

Sim, o ciúme é um disparo de energia mal dirigida.

Se pensarmos que o alvo de nosso ciúme deveria receber abraços e beijos em vez da energia destrutiva do ciúme, aprenderíamos mais.

O ciúme é uma descarga elétrica tão forte e tão mortal quanto a de um raio antes da chuva, só que voltada para dentro de nós mesmos.

Com essa arma nos destruímos mais cedo.

O nosso carma já está definitivamente traçado? Se não estiver, como alterá-lo?

O carma está ligado às nossas vidas passadas. Através dele resgatamos nossas culpas e nos engrandecemos aprendendo.

Mas podemos, sim, alterá-lo, usando o livre-arbítrio e mudando a nossa energia do momento.

O carma só acontece verdadeiramente se continuarmos conectados com a energia do que fomos no passado, em outra vida.

É sempre bom lembrar que o carma de amanhã dependerá da vida atual e das escolhas de hoje.

Então, independentemente de sabermos qual é o nosso carma atual, devemos tratar de construir sempre um melhor.

Mas nem tudo está ligado ao carma. Muitas vicissitudes da vida aparecem repentinamente sem convite ou chamado. São as novas tentações, os novos acontecimentos, e diante deles poderemos construir um futuro e novo carma.

É verdade que podemos saber, por meio do nosso carma, quando e de quê vamos morrer?

Não necessariamente.

O carma é mutável, ou seja, você está sempre transformando-o por meio de suas atitudes e de seu livre-arbítrio.

E as pessoas que preveem o futuro? Se o carma é mutável, como isso seria possível?

Eu diria que o futuro é provável, segue a lei das probabilidades, e faz parte do carma possivelmente mutável de cada um. Algumas pessoas com sensibilidade especial poderiam captar a probabilidade de um acontecimento, mas não a certeza.

É verdade que, ao morrermos, desvendaremos muitas coisas que antes nos eram inexplicáveis?

Não é verdade.

Somos os mesmos, vivos ou mortos, mas teremos acesso a uma maior complexidade de informações que por ora a barreira física atrapalha.

Não viramos sábios porque morremos nem descobriremos mais porque não estamos vivos.

Aqui o tempo pode passar depressa ou demorar muito, e o mesmo ocorre quando ainda estamos na Terra. Imagine-se fazendo algo de que goste muito. O tempo voa, não? E, quando fazemos algo doloroso e terrível, o tempo parece parar.

Quando morremos, ficamos mais ligados a nossos pensamentos e energias, já que não temos mais o corpo físico para nos esconder.

Somos literalmente aquilo que pensamos.

O que dizer a pessoas que, com moléstias graves, temem tanto a morte?

Diga-lhes que a morte é a continuidade da vida em outro plano: só vamos mudar de casa.

Encontraremos amigos e familiares – e todos livres, seguindo o próprio caminho.

Não existem mais as necessidades físicas, embora no começo ainda possamos senti-las. Só vamos ter necessidades espirituais.

Os nossos pensamentos continuam, e vão refletir tudo que aprendemos na vida, por isso precisamos ampliar sempre os conhecimentos que vamos levar conosco.

Não devemos temer a morte nem a separação, ambas não existem.

O que mais me aflige, com relação à morte, é separar-me de minha família, que eu amo muito.

Aquele que ama já vive separado, pois sabe que cada pessoa deve ser e é livre.

O amor une as pessoas em sentimento e em pensamento, mas nunca as aprisiona.

É difícil compreender e aceitar a morte agora, mas ela é a sequência natural da vida.

Como somos energia e nos conectamos com outras energias afins, o amor faz que as pessoas se reencontrem sempre.

Para mim, falar sobre a morte é aprofundar feridas. Não sei se é porque perdi minha mãe muito cedo, mas carrego esse medo comigo. O que devo fazer para melhorar?

Conscientizar-se de que, se sua mãe se retirou mais cedo deste caminho, é porque outro já a esperava.

Se você a ama de verdade, e sabe que ela está seguindo outro caminho no qual continuará aprendendo – já que neste ela já se graduou –, por que continuar triste?

Lembre-se de que laços de amor não se rompem jamais, se somam.

∾

Nós estamos agora ligados ao senhor pelos ensinamentos e até pela sua energia. Como isso não acontece com todas as pessoas, por que fomos os escolhidos?

Como sabemos, somos todos energia e fazemos parte de um enorme cordão que nos liga, como da tomada à chegada da luz.

Esse fio é bem comprido.

No momento, eu sou a tomada e vocês, o fio.

E a luz, no final, será o resultado dos ensinamentos.

Todas as pessoas que estiverem na mesma faixa vibratória se conectarão num mesmo fio, independentemente de estarmos vivos ou mortos. Por isso sempre nos conectamos e continuaremos a nos conectar pelo pensamento.

Venho acompanhando vocês há algum tempo. Isso aconteceu, primeiro, porque sou um mestre, e um mestre necessita de alunos para continuar sendo mestre; em segundo, vocês estavam conectados a este mesmo fio.

Além dessa conexão, estavam prontos para receber e compreender os ensinamentos. Prontos psicológica, intelectual e afetivamente.

Como são necessárias essas qualificações, é menor o número de pessoas e o fio fica mais curto.

Eu não sou o único mestre, como vocês não são meus únicos alunos .

Como eu, existem centenas – senão milhares –, que não necessariamente transmitem a mesma linha de ensinamentos, mas seguem a mesma ordem de energias que um dia nos unirá os corações.

O que quero dizer é que o fio dos outros mestres também existe, e que por sua vez existe a tomada e a luz final, resultado de nosso crescimento.

Ninguém cresce sozinho, pois somos energias e estamos sempre ligados a outras energias afins.

Esse ensinamento nos faz lembrar da responsabilidade de nossos pensamentos e a qual fio nós queremos ou iremos nos conectar.

Aqui somos poucos alunos, mais ou menos 20. Alguns estão desligados do corpo através do sono, outros, pela meditação, e outros já deixaram o corpo físico e estão aqui totalmente libertos em espírito. O senhor quer dizer que todos nós pensamos igual? E por que, num planeta tão grande, somos só 20 na mesma faixa vibratória?

Eu não quis dizer que todos vocês pensam da mesma forma. Isso é impossível, pois cada ser é único.

O que digo é que todos estão energeticamente conectados neste momento, e prontos para aprender os ensinamentos que eu me disponho a transmitir.

Além disso, eu também disse que existem centenas ou milhares de mestres como eu, transmitindo conhecimentos aos seus alunos neste exato momento.

Você pode se conectar ao seu mestre por meio de livros, estudos, histórias, pensamentos. O que importa é a luz que ele conseguir lhe transmitir no final.

Todos temos a mesma missão de crescer, evoluir, iluminar, aprender e ensinar.

Neste exato momento, incontáveis pessoas ou espíritos estão se conectando com seus mestres, seja pela prece, pela meditação, pela leitura, pelo desligamento corporal do sono.

Isso me faz sentir mais confiante, Mestre, porque sempre tenho medo de não fazer jus a tão grandes e importantes lições. Assim, sei que sempre poderei, se quiser, me conectar com mestres, seja através de livros, histórias ou preces.

Sim. Isso é muito importante.

Quando você decidir que quer melhorar, evoluir, aprender, e tiver disposição de fazê-lo, na mesma hora um mestre, aquele que estiver mais perto energeticamente de você, aparecerá.

Isso pode se dar em qualquer lugar e a qualquer momento. Por isso, aproveite todo tempo que puder para aprender.

Se nossa fé no senhor e nos seus ensinamentos forem pequenas, e se acharmos que estamos nos enganando, mesmo assim aprenderemos?

O aprendizado é diferente para cada um.

Dizer que a fé não é importante será um terrível erro, pois é essa fé em mim e em meus ensinamentos que os traz hoje até aqui.

Vocês certamente já ouviram que a fé remove montanhas. Eu digo que sem a fé construímos montanhas que nos separam e com a fé construímos túneis que nos unem.

Sim, a fé e a crença são fundamentais para a conexão com seus mestres.

O senhor quer dizer que uma pessoa agnóstica não terá a mesma chance que aquelas que têm fé?

Não é bem isso. Se a pessoa for agnóstica, mas tiver pensamentos elevados e bons sentimentos, esforço e boa vontade, sem saber estará ligada a um fio com outros semelhantes a ela, conectados a uma tomada: o Mestre. Mesmo sem acreditar nele, ainda assim aprenderiam, só que mais vagarosamente, com barreiras a ser ultrapassadas.

Isso implica dizer que a luz é para todos.

Todos aqueles que quiserem aprender, independentemente de credo ou fé, conseguirão, porém com fé os ensinamentos serão absorvidos mais rápido.

É mais rápido atravessar um caminho que tem as portas abertas do que o que tem portas fechadas, mas ambos poderão ser atravessados – é apenas uma questão de tempo.

Se a lei do carma, ou da causa e efeito, é para todos os seres humanos, que fazer para minorá-la na vida atual?

A resposta é sempre simples e única: melhore a si mesmo.

Se hoje somos a colheita do que fomos no passado, e olhe que tivemos muitas existências antes, o amanhã dependerá do que somos hoje.

Comece mudando sua atitude em relação às pessoas conhecidas e desconhecidas, em relação à natureza, aos seus pensamentos, pois eles são energia, como tudo que o rodeia.

Procure ser melhor para com os outros, ter mais paciência, admirar os seus acertos e os dos outros, e não chamar a atenção para os erros, sejam de quem forem.

Procure realçar o lado positivo, e do lado negativo tire sempre uma lição. Procure espalhar seus bons conhecimentos, plantando e semeando em benefício do próximo.

Pessoas que nascem com defeitos físicos ou problemas mentais e não podem fazer nada para melhorar – por estarem doentes e passando por esse sofrimento – já teriam motivo suficiente para ficar livres de seu carma?

Não, pois isso se refere ao seu passado, agora eles vão construir um novo e futuro carma através de sua vida presente.

Explico: peguemos o exemplo da pessoa que em vida passada foi assassina e nesta, em consequência disso, reencarnou com uma condição física terrível. Mesmo que sofra grandes dificuldades e limitações, se ela continuar sendo criminosa nesta vida, se não se modificar, seu carma será ainda mais terrível que o de agora, pois o carma é cumulativo.

É como em um jogo de pequenas contas, no qual vence aquele que acertar todas as contas numa cesta.

Se o jogador só erra as jogadas e quer ganhar, ele terá de reaprender e modificar a forma de jogar as peças.

Assim é o resgate de um carma. Temos novamente a chance, e com ela precisamos reaprender, modificando-nos interiormente.

O carma nada mais é do que a consequência de nossos atos.

Algumas pessoas nascem com grande talento para a pintura, a música e outras artes. Isso significa que em outras vidas eles foram pintores, músicos, compositores?

Nem sempre. Pode ser fruto de um trabalho intenso nesta vida, ou até consequência da hereditariedade.

Mas em geral são espíritos que trazem conhecimentos de outras existências, e tão marcantes em suas vidas pregressas que seguem com eles em outras encarnações.

Não se esqueça de que somos energia, a energia positiva caminha sempre conosco e a negativa também, até que a transformemos.

Por que reencarnar? Não encontro uma resposta satisfatória, já que essa palavra me lembra sofrimento. Estou errado?

Sim, é claro.

Reencarnar significa nova chance, renascer para aprender.

Quando repetimos o ano na escola, não temos uma segunda chance para aprender? Reencarnar significa isso, e o sofrimento vem para uma melhora interior, para a modificação do eu imperfeito que caminha conosco.

Quando estamos doentes em uma cama, sobra-nos tempo para pensar e meditar, e é nessa dificuldade que surgirá uma luz interior muito maior que a doença.

Basta querermos progredir, compreender e conhecer que nos conectaremos imediatamente a energias superiores.

∽

Não consigo deixar de pensar no seguinte: se todas as pessoas podem se conectar a seus mestres bastando querer, por que há tanta gente ruim em nosso planeta?

Você disse bem. Para se conectar a seu mestre, ou seja, participar do fio de energia que estará ligado a essa tomada, antes de mais nada a pessoa tem de querer e se abrir para esses novos ensinamentos e caminhos.

Mas quem disse que as pessoas querem?

Em sua grande maioria, elas querem a facilidade, e os mestres ensinam mudanças, o que nem sempre é simples.

Não esqueça de que também existem cordões ou fios de energias negativas ligados a algum mestre malévolo, e nesse caso não se acenderá nenhuma luz, apenas trevas.

Somos responsáveis pelo fio ao qual nos conectamos.

É de nosso livre-arbítrio escolher sempre.

Não esqueça: carma é a lei da ação e reação.

Diz-se que a meditação é a cura de nossas ansiedades e de muitos outros males. Quando estamos desesperados, meditar ajuda?

Lembre-se primeiro de que desesperados se conectam com a energia de outros desesperados, e as energias se somam, aumentando o problema. Por essa razão, a meditação não só ajuda como se torna essencial para você reencontrar o equilíbrio.

O senhor acha possível meditarmos no trabalho, no dia a dia ?

Sim, mas não é o melhor lugar, porque para encontrar a paz o lugar deve ser silencioso e respeitoso.

Porém, se a pessoa não tiver tempo nem condição de meditar em um ambiente sossegado, ela deve tentar em qualquer lugar. Será um pouco mais difícil, mas nunca impossível.

Existe outra maneira de a pessoa se equilibrar sem meditar?

Sim, é claro. Para as pessoas religiosas, a prece ou a reza. Para outras, uma música suave ou outras formas diferentes.

Em muitos cultos, nas igrejas ou casas de religião, a música é usada para ajudar os fiéis a elevar o pensamento e esquecer dos problemas.

O importante, ao meditar ou rezar, não é como fazê-lo, mas sim seu resultado final: conectar-se com energias superiores.

∽

Como devemos nos preparar para a nossa morte?

A morte é a continuidade da vida, e todos nós passaremos pelo mesmo desafio de morrer. Se todos os homens aprendessem e acreditassem que há vida após a morte, e que a energia da vida não se extingue nunca, todos estariam mais preparados e seriam melhores.

Pense num fazendeiro que ara a terra, planta as sementes, cuida da plantação e depois colhe o que plantou. Se desde

*pequenos nos ensinassem que também vamos colher sempre
aquilo que soubermos plantar durante o nosso percurso, por-
ventura não seríamos diferentes?*

É uma questão de aprendizado.

*Os pais e os mestres nas escolas evitam falar sobre a mor-
te. Por quê?*

Não seria muito melhor se a morte não fosse um tabu?

**O senhor se refere a aceitar as perdas sem dor. Mas como?
Mesmo acreditando em reencarnação, e que a vida não se
extingue com a morte, não consigo deixar de me desespe-
rar diante da perda de um ente querido.**

*Aceite, meu filho, não é você que decide, as coisas são
assim. Aceite-as, você não tem outra opção.*

*Nesses momentos de perda, lembre-se da alegria que a
pessoa lhe deu em vida e transmita-lhe seus melhores pensamentos. Ela os receberá como um calmante ou como revita-
lização dos próprios pensamentos.*

*Se os pensamentos são energia, energia inteligente, por que
imaginarmos que a pessoa, depois de morta, não os receba?*

De que forma falar com alguém que está morrendo?

*Com amor incondicional, paciência, misericórdia, soli-
dariedade.*

*Aceite pacientemente o que o doente tem para contar,
mesmo que ele descarregue uma imensidão de ódio e
de dor.*

*Aceite, fique do lado dele e depois comece a falar com ele:
diga-lhe que ele vai se encontrar com todos de novo, pois nós
também vamos morrer, é só uma questão de tempo.*

Diga que precisamos aceitar a morte assim como aceita-mos a vida.

Encha seu coração de amor e compaixão e tente levar o doente à prece, mas se ele não acredita em nada não tente transformá-lo em crente agora. Somente diga a ele que pense em alguma coisa boa, e que a morte é assim.

Diga, ainda, que a morte é um lugar de paz e sem dores, só depende de nossos pensamentos, e ouça sem interromper o que o doente tem a dizer. No seu íntimo, encha-se de boa vontade e reze com ele, com o coração iluminado.

É lógico que cada caso é um caso, e há situações diferentes, mas devemos, como regra geral, tratar o doente com naturalidade, sem alardes, sem demonstrar sofrimento, procurando ser natural como a morte é.

Mestre, eu tenho problemas com a morte. Minha mãe faleceu há 38 anos, meu irmão e meu cachorrinho de estimação há oito anos. Até hoje choro quando falo neles e sempre sinto falta deles. Isso não é normal para alguém como eu, que acredita em vida após esta vida. Como o senhor explica isso?

Você precisa aceitar as coisas como elas são. Esse é um exercício dificílimo, mas que temos de fazer.

Depois, lembrar que, se a morte não existe, nossos entes queridos estão em algum outro lugar e certamente vamos reencontrá-los.

É só uma questão de tempo, e o tempo passa muito depressa.

Aproveite a sua vida, o seu tempo, com pensamentos construtivos, com estudo, com boas ações. Você verá que seus sentimentos começarão a melhorar.

É lógico que sentimos falta de nossos entes queridos, mas não somos nós que decidimos quem vai ou quem fica, isso não está em nossas mãos.

Aceite. Quando pensar neles, lembre-se dos momentos felizes e, intimamente, faça uma prece por eles, enviando essa energia positiva que os tocará como se fosse um raio de renovação e alegria.

⌒◎

A morte dos animais é diferente da nossa? Eles também têm medo da morte?

Os animais têm instinto de preservação, o que comumente confundimos com medo da morte.

Eles lutam até o fim de suas energias, mas por instinto de defesa.

Eles não têm consciência do que a morte representa, por isso o sofrimento deles é menor do que o nosso.

Estamos falando de animais com pouca inteligência, só a instintiva.

Para os outros, que têm a inteligência mais desenvolvida, a morte significa separação, e por isso eles também sofrem, mas a aceitam rapidamente, como se entendessem que ela é temporária.

Diante de uma pessoa que está morrendo, como não deixar transparecer que estamos penalizados?

É de grande ajuda quando uma pessoa querida se aproxima de outra que está morrendo e lhe presta uma homenagem sincera de amizade.

Comece falando-lhe dos momentos felizes e de situações engraçadas que vocês compartilharam.

Faça-a lembrar-se das coisas boas que ela viveu e das boas ações que praticou.

Ao comentar com ela os momentos felizes que compartilhamos, perceberemos que a expressão de pena que trazíamos no rosto desapareceu.

Nós ainda temos muito medo do que vamos encontrar pela frente, e é esse medo que mais nos assusta.

Ademais, sentimos, na hora do desligamento, certa dificuldade de largar tudo: a nossa casa, filhos, amigos, esposa ou marido, animais de estimação, objetos, joias, fortuna, tantas coisas...

Por isso a conversa, relembrando cenas engraçadas e os bons momentos que passamos juntos, proporciona conforto, distração e alegria ao coração.

Ajuda também saber que todos estamos no mesmo barco, porém um vai descer antes num porto, enquanto os outros vão continuar navegando para desembarcar mais à frente.

Por que não costumamos prestar homenagens às pessoas enquanto elas estão vivas, antes que estejam perto da morte?

É só uma questão de cultura.

Existem culturas que homenageiam os velhos sempre, e lhes dão um lugar de destaque.

E existem culturas que ignoram os velhos, inclusive se referindo a eles como pesos inúteis.

Se aprendêssemos a cultuar os mais velhos, dando valor às suas experiências e vivências, não precisaríamos homenageá-los só quando abeirassem a morte ou mesmo quando já tivessem partido.

Não podemos nos esquecer de que as pessoas levam consigo todas as lembranças e passagens da vida, e, se seu valor tiver sido devidamente reconhecido, se elas tiverem sido honradas como mereciam, levarão lembranças felizes e gratidão – o que, sem dúvida, as ajudará a superar as dificuldades da passagem para o mundo espiritual.

∽

Costuma-se dizer que velho é intransigente e só atrapalha. Como mudar, em uma cultura, essa forma de encarar a velhice?

Não será de um dia para o outro.

O que existe são movimentos de mudança, e eles são sempre lentos, mas com o tempo todas as pessoas, de qualquer raça e credo, vão valorizar a experiência e a sabedoria de um homem mais velho.

Tenho muito medo de ficar velho e só. O que devo fazer para mudar esse sentimento?

Primeiro: se estivermos vivos ficaremos velhos.

Isso não é uma escolha sua, é um fato que deverá ser aceito.

Segundo: pare de pensar que velho não serve mais para nada e continue trabalhando e procurando sempre ajudar o próximo, além de tentar desfrutar das benesses que só a maturidade pode oferecer. Trate de aproveitar bem a vida.

Lembre-se de que um homem velho é um homem vivido.

Um homem vivido é mais sábio do que o jovem, um principiante na vida.

Perceba, então, o lado maravilhoso e fantástico da velhice: a sabedoria, fruto de tantos anos de experiências acumuladas.

Medite mais e sorria mais, isso é muito melhor para a saúde.

Quanto a ficar só, não se trata de uma condição exclusiva dos velhos. Ela pode acontecer também com todas as pessoas que tiverem de passar por essa experiência para aprender, resgatar ou até por ter escolhido a solidão como companheira de vida.

Dizem que dormir e sonhar é muito parecido com morrer, a diferença é que, vivos, nós acordamos do sono. Como entender isso?

Esse assunto é realmente importante e oportuno, pois nos prepara para o estado espiritual da morte.

Quando dormimos, nosso corpo espiritual se desprende do corpo físico e o espírito fica totalmente livre para fazer tudo aquilo em que, durante o dia, pensamos ou nos fixamos.

Ao nos lembrarmos dos sonhos, nos recordamos que os protagonistas desses sonhos éramos nós. Como isso foi possível se o nosso corpo estava em casa, dormindo?

Só isso, pelo menos, seria suficiente para constatarmos que temos dois corpos: o físico e o espiritual.

Quando morremos, existe exatamente esse mesmo acontecimento, só que nos desligamos totalmente do corpo físico, sem volta.

Quando vivos, o corpo físico e o corpo espiritual andam juntos, ligados por um fio maleável e extremamente resistente que chamamos de O Fio da Vida.

Esse fio não nos permite ficar por muito tempo longe de nosso corpo físico. Ele é como um ímã que atrai um para o outro.

Quando morremos, um choque corta esse fio e eles não conseguem mais se unir.

Esse assunto é importante porque nos leva a perceber que a morte é como um sonho, só que mais profundo, duradouro e consciente.

Então, morrer é mesmo parecido com dormir?

Sim, quando estamos dormindo é como se nos exercitássemos para morrer.

Às vezes temos pesadelos. O mesmo acontece quando morremos?

Você sabe por que temos pesadelos? Porque nos conectamos internamente com energias negativas que permitimos que chegassem até nós.

Somos, assim, responsáveis pelos nossos pesadelos.

Na morte acontece exatamente a mesma coisa. Se somos pessoas negativas, maldosas, devedoras, inconformadas e resistentes, nós nos conectamos com essas mesmas energias e, até que mudemos nossas vibrações mentais ou nos transformemos interiormente, continuaremos ligadas a elas, como em um grande pesadelo.

∽

Os mortos podem voltar, em espírito, para assombrar sua antiga casa?

Sim, mas esse não é um acontecimento comum, pois, como em um sonho, o mundo novo que se abre para ele é tão intenso que não haverá muito tempo para pensar em voltar.

Mestre, podemos saber, de antemão, como nos situaríamos se morrêssemos hoje?

Essa é a pergunta mais fácil de ser respondida.

Nós nos situaremos exatamente no estágio em que estamos agora, ou seja, a morte não nos purifica, não nos eleva e também não nos diminui.

A morte é a continuidade da vida, sem saltos nem diferenças.

Nós nos situaremos onde estiverem os nossos pensamentos.

Se é assim, por que temos tanto medo de morrer?

Porque a morte ainda é uma desconhecida, e existem muitas lendas e tabus sobre ela.

Como todos nós passaremos por ela, isso instiga a literatura e até certas religiões a manipular determinadas situações só para garantir maior poder sobre as pessoas.

E por que não nos recordamos de quem fomos e do que fizemos em nossa vida anterior?

Agradeça sempre por isso, meu amigo!

Imagine se na vida anterior você tivesse sido um assassino ou, pior, o assassino de seus pais e hoje, na nova vida com eles, a convivência fosse turbulenta. Como você reagiria?

E eles, se soubessem que iam receber em casa, como filho deles, o assassino que os matara, como reagiriam? Poderiam perdoá-lo e esquecer as faltas cometidas?

É por isso, entre outras coisas, que o esquecimento total e absoluto é uma bênção magnífica que nos permite recomeçar do zero, ter a chance de não errar mais e de aprender sempre.

Amigo, se você acaso fosse Deus faria diferente?

Dentro desse mesmo conceito, parece que estaremos sempre perto de nossos afetos e desafetos passados. Isso é verdade ou nascemos aleatoriamente em qualquer família?

Laços de ódio e de amor nos conectam às pessoas.

Se somos energia e nos conectamos com os mesmos padrões energéticos, se amamos alguém, estaremos sempre ligados a ele, e se ele nos ama, também estará conosco.

O mesmo acontece se odiamos alguém que também nos odeia: ele e nós estaremos sempre conectados, até que mudemos esse sentimento de ódio e o transformemos em amor.

Assim, é perfeitamente compreensível que reencarnemos nas mesmas famílias.

O que pode, sim, acontecer é sermos netos das pessoas que outrora odiávamos ou amávamos, ou filhos deles, ou irmãos, estabelecendo com eles qualquer grau de parentesco.

Depende do tempo de reencarnar de cada um.

E, na reencarnação, sempre nasceremos no mesmo país? Pergunto isso porque, se nascemos nas mesmas famílias, por que não nos mesmos países?

Porque país não tem sentimento, é pura matéria física.

Não existe regra para isso, o que existe são tendências.

Normalmente, reencarnaremos no país onde poderemos receber mais ensinamentos, ou naquele em que precisamos resgatar algumas dívidas.

Existem também inúmeras outras razões que nos fazem nascer em determinado lugar.

Muitas dessas razões estão ligadas às pessoas com as quais você deve cruzar na vida, com o lugar onde poderá encontrá-las.

Diante disso, os casamentos estão predeterminados antes de reencarnarmos?

Meu caro, isso seria o mesmo que dizer que seu destino já está traçado, o que não é verdadeiro.

Existem, sim, os caminhos favoráveis para você seguir, segundo as suas velhas tendências e as pessoas que você vai encontrar na vida, mas somos sempre seres livres para tudo mudar, a todo momento.

Somos também pessoas mutáveis e, por isso, não dá para afirmar que você se casará com tal pessoa, mas que encontrará uma pessoa que vai mexer com seu coração; daí por diante você escolhe seu caminho.

E é verdade que existem espíritos cupidos que unem os casais?

Sim, como não, e é fácil de explicar.

Não é verdade que na Terra, entre os homens, existem muitas pessoas casamenteiras?

Por que elas não existiriam também aqui?

Se a morte é a continuação da vida, nós não mudaremos só com a passagem de vivos para mortos.

༺༻

Se temos várias vidas e, se em cada uma aprendemos novas lições ou corrigimos erros, o que fazer para aproveitar melhor o tempo desta vida e nos engrandecermos?

Esse é o ponto nevrálgico e fundamental de todos os ensinamentos.

Aproveite o dia de hoje como se ele fosse o último.

Aprenda, perdoe e cresça interiormente o máximo que puder. Isso se consegue com boa vontade, caridade, meditação e estudos adequados.

Não se aborreça nem perca tempo pensando em tolices passageiras do dia a dia.

Siga uma direção determinada por você e cresça a cada passo.

Afinal, o importante é o caminho que percorremos para alcançar o objetivo final, e o que aprendemos com ele.

E a que deve se referir nosso maior objetivo?

Deve se referir a tudo.

De nada adianta o sucesso material se você não cuidou do seu sucesso interior.

O sucesso em alcançar objetivos se refere ao progresso interior, ao engrandecimento da pessoa, à aquisição de novos e melhores valores.

E isso significa compreender e amar o seu próximo do jeito que ele é, aceitando pacientemente seus erros e aplaudindo seus acertos.

Um homem sábio, um homem rico, é aquele que não tem desafetos e é feliz com o que tem e recebe, não inveja seu próximo e se preocupa com o bem-estar dos demais.

Devemos acreditar que todo dia teremos novas oportunidades para melhorar?

Esse é um bom exercício para você se observar e se policiar em seu dia a dia, especialmente em seu trabalho, mas não é suficiente.

Você deve mudar o que deu errado e aprender com o erro para progredir interiormente.

Vou lhe dar um exemplo: no serviço, depois de apresentar um trabalho ao qual você se dedicou muito, talvez seu chefe, por ciúme ou por medo de que você tome o lugar dele na empresa, comece a prejudicá-lo, eliminado todas as suas chances de crescimento. O que você deve fazer?

São situações como essa que nos testam todos os dias, situações que nos colocam contra a parede.

O primeiro sentimento deve ser de humildade, aceitando esse olhar do seu chefe e recebendo-o como crítica ao seu trabalho. Então você talvez descubra alguns erros ou pontos fracos que poderá corrigir, tornando ainda melhor o seu projeto. Os nossos inimigos sempre nos mostram onde erramos e o que podemos melhorar.

Depois, fortalecido, você deve traçar novos objetivos, mas fazendo o possível para não prejudicar o chefe e não deixar que o orgulho o cegue. Ninguém constrói sua felicidade sobre a infelicidade de outros.

O relacionamento entre os homens é uma lição diária de como e quanto devemos melhorar, e de que jamais devemos desanimar perante a escola da vida.

Cada amanhecer na vida já é um renascimento, por isso todo dia teremos novas chances de acertar e aprender.

Diante de todos esses ensinamentos, que contribuição podemos e devemos dar à sociedade?

Ao nos transformarmos interiormente, de imediato nossas vibrações mentais mudam e passamos a atingir um círculo maior de energias.

Simplesmente com nosso exemplo podemos modificar o ambiente à nossa volta e as pessoas que nos cercam.

Parece fácil falar, mas muito difícil de acontecer.

Não desanime, é a regra número um.

As pessoas são diferentes e cada qual tem seu caminho e seu tempo de crescimento.

Respeite e aceite.

Siga em frente com seu exemplo de transformação e força de vontade.

∽

O senhor sempre nos diz, Mestre, que a meditação cura todos os nossos anseios, nos traz respostas e equilíbrio. Como manter essa conexão com o senhor, ou com outros mestres, durante a meditação?

Acreditando que você pode.

A mente dos homens é uma verdadeira oficina de surpresas.

Tudo se consegue e tudo se aprende.

Quando acreditamos firmemente que podemos conversar com mestres superiores nas nossas meditações, enviamos a mensagem e ela é prontamente respondida.

Quanto mais meditações você fizer, mais fáceis serão essas conexões.

Acredite, você pode e todos podem!

Com as agitações corriqueiras da vida, como não se estressar quando surge um problema? Nessas horas, nos parece impossível meditar... Que fazer então?

Meu caro amigo, esse é o problema de todos nós. Por isso o treino contínuo da meditação e a crença de que pode melhorar são as únicas formas de superar isso.

O que o sexo representa para a espiritualidade?

O mesmo que para você: a união de dois seres que se amam e, com esse amor, materializam a vida.

Mas hoje em dia, e talvez isso tenha ocorrido sempre, o sexo, na maioria dos casos, virou só um prazer, válvula de escape para uma vida monótona, ou mesmo um vício. E, com o advento da pílula, nem é mais a materialização da vida.

O sexo por prazer, sem ligação de afeto e amor, é uma perda de energia para ambos. Perda que se multiplica.

O sexo com amor é a soma da energia para ambos. Soma que se multiplica.

Quando o homem, na sua evolução, inventou a pílula para evitar filhos, isso não quer dizer que ele não estava cumprindo o seu papel, pois a evolução da ciência também é a evolução da espiritualidade.

Tudo caminha junto.

Quando há amor, a vida sexual na verdade funciona como um escudo contra os males do mundo, há uma soma de boas energias que fortalece o casal. Mas quando o sexo é usado como fuga, com motivação escusa ou de modo irresponsável por alguns minutos de prazer, a energia está sendo jogada fora, e sobra uma sensação de vazio.

É importante que as pessoas se reeduquem e se reequilibrem, compreendendo a importância fundamental do sexo na vida.

O amor é criação e criação é um ato de amor.

Não desperdicemos nosso tempo e bom senso.

Como explicar isso aos jovens de hoje, de forma que compreendam?

Explique que na natureza os animais só fazem sexo para procriar, mas o homem é o único ser vivo que pode fazer sexo para se energizar.

Se ele usa essa arma protetora, essa aura interior, para atirar sua energia a esmo e perdê-la, é uma opção sua.

Aí, quando ele necessitar dessa aura, dessa arma, para se proteger de energias negativas, de inveja, ciúme, ele a terá jogado fora.

A aura que envolve dois seres que se amam em ato de amor é o escudo protetor do lar.

Então que eles, jovens, decidam o que querem.

❧

Se todas as pessoas acreditassem que a morte não é o fim e que a vida é uma passagem, nosso mundo seria bem melhor. As pessoas não usariam o planeta como se fosse a sua última morada, e acredito que então nasceria dentro delas o respeito por toda a natureza. O que podemos fazer para contribuir para essa conscientização?

Conscientizar-se disso, depois ensinar, explicar e abrir o leque dos conhecimentos sobre o assunto às pessoas à sua volta.

Uma gota d'água no oceano pode nada mudar, mas mexe com ele um pouquinho.

Se várias gotas em vários lugares caírem sobre ele, teremos uma movimentação maior de suas águas.

Assim, devemos agir, começando como uma gotinha, depois tomando parte na marola, e assim por diante.

É muito difícil para nós, Mestre, falar sobre morte, porque fomos educados para fugir dela e de tudo que ela representa. É o nosso pesadelo. Como fazer para mudar a nossa educação?

Comece educando seus filhos, dizendo-lhes que a morte é uma passagem e que a vida deve ser aproveitada para aprender, viver, ensinar, progredir e amar.

E, sendo nós seres inteligentes e cônscios de que a energia não desaparece nunca, por que acreditar que a nossa energia desapareceria?

Observe as plantas no jardim: assim que uma morre, outra retoma o seu lugar.

Observe toda a natureza a sua volta e veja que não existiria sentido se simplesmente apagássemos com a morte.

Como ajudar as pessoas a se tornar melhores?

Primeiro, com o seu exemplo de amor e compaixão.

Nunca se arrependa do bem que você faz a qualquer pessoa, nunca se sinta usado ou abusado, mas mostre que a sua alma ilumina seus pensamentos e atitudes.

Só com nosso exemplo de bondade conseguiremos mostrar ao próximo como agir.

Mas não estamos confundindo bondade com falta de discernimento? Quando uma pessoa abusa de outra e esta permite, em vez de ser bondosa ela não está sendo ingênua e se deixando enganar?

Não confunda ingenuidade, tolice, com bondade ou solidariedade.

Eu falo em mostrar compaixão, respeito, dignidade, e não em virar capacho de alguém.

Use sempre a inteligência e o coração para agir corretamente.

Se soubermos que determinada pessoa não gosta de nós e, sempre que tem uma chance, pelas costas, procura nos prejudicar, se aceitarmos tudo isso pacientemente, não seremos considerados idiotas, fracos ou ingênuos?

Você ainda está muito ligado a atitudes imediatistas. Ninguém é desafeto de ninguém por nada.

Sempre existe uma razão para isso.

Lembre-se de que carregamos conosco vidas passadas e por sorte não nos recordamos do que fizemos.

Sendo assim, comece a olhar essa pessoa com outros olhos, e mostre a ela que você não é bobo nem uma má pessoa.

Use seu coração aliado à sua inteligência; se você não conseguir logo, então medite ou ore e peça ajuda a seu guia espiritual, peça que ele lhe dê a intuição de como proceder nesse caso.

Quando pedimos com amor e bondade no coração, nós nos conectamos com energias afins ou melhores, e somos por isso sempre ajudados.

Com os seus ensinamentos diários sinto meu coração mais esperançoso, mas ainda preciso aprender muitíssimo sobre como enfrentar a morte ou a doença em pessoas queridas, próximas de nós. Ainda tenho medo, senão pânico, de pensar em enfrentar momentos assim. Isso não é normal, depois de ouvir seus ensinamentos sobre isso. Como posso me modificar?

Primeiro, falta-lhe a fé, com ela você nada tem a temer.

Saiba que os acontecimentos de hoje poderão estar ligados aos excessos de nossas vidas passadas, mas que, independentemente de quais eles tenham sido, sempre somos amparados nessa nossa estrada de resgates e ensinamentos.

Mas compreendo que você tenha medo de ficar sozinho ou de se confrontar com a doença. Todos nós temos essa mesma insegurança, pois os dias de amanhã são para nós uma surpresa.

Sabendo que as doenças extirpam do nosso corpo toxinas que carregamos, e que servem também para resgatar as nossas culpas, então aprendemos a compreender que as doenças são necessárias para que um bem maior aconteça, já que através delas podemos extirpar de nossa alma erros e excessos por nós cometidos.

Embora seja compreensível que fiquemos tristes, é preciso que aceitemos a vontade maior com bastante humildade.

E, com relação à morte, lembre-se de que laços de amor não se destroem nunca.

Por que temos tantos medos, Mestre?

Meus amigos, eis a lição maior que eu gostaria de lhes dar: tenham mais fé em vocês mesmos, mais coragem para viver a vida e aproveitá-la e mais determinação para enfrentar as dificuldades, pois elas serão ensinamentos para vocês.

Viver não é só diversão, é evoluir, é aprender, é crescer, é se iluminar.

Em todos os aprendizados que tive, os meus mestres diziam que a vida é uma pérola sagrada e que devemos guardá-la com amor, carinho e respeito. Diziam ainda que a morte é apenas o retorno dessa pérola ao oceano, lugar ao qual ela efetivamente pertence.

O que são as religiões? São elas necessárias?

As religiões são ensinamentos passados por mestres valorosos com o intuito de nos iluminar e nos fazer evoluir.

Mas os homens, depois de recebidas as lições, transformam-nas e adaptam-nas à sua compreensão como querem, modificando essas religiões de tempos em tempos, segundo as vontades de alguns poucos dominadores.

Por isso ouvimos tanto falar das atrocidades cometidas em nome das religiões.

Aquelas que pregam ódio, terror e discórdia estão certamente bem longe das raízes dos ensinamentos de seus mestres fundadores, pois sabemos ser isso o oposto das pregações e lições deixadas por eles para a humanidade.

Quanto à necessidade das religiões, são importantíssimas suas normas de conduta, para servirem de exemplos morais e éticos aos homens, ainda tão ignorantes do amor universal.

Mas, hoje em dia, o senhor aprova as religiões?

Todas as que ensinem a virtude, o amor ao próximo, o engrandecimento espiritual. São os caminhos que devemos seguir, não importando o nome que se dê a elas nem a que povo pertençam.

Na Bíblia está escrito que "não cairá uma folha de uma árvore sem que o Pai veja". É verdade?

Trata-se de uma metáfora para explicar que tudo aquilo que fazemos ou que nos fazem está impresso na energia de cada pessoa.

Por isso nunca fugiremos da verdade, mesmo que em vida tenhamos enganado todas as pessoas.

A verdade caminha conosco e é por ela que responderemos sempre.

O senhor sempre comenta que a meditação é a cura para nossos males. Ela pode curar doenças?

A meditação é nosso encontro com o equilíbrio. Se a doença que temos está ligada a nossos problemas diários, ao estresse, ao negativismo, nesse caso, sim.

Porém, se a doença é cármica, a meditação ajuda a aceitar e compreender, mas não poderá curá-la.

Mas em todos os casos a meditação ajuda muitíssimo.

Existe uma grande diferença entre o que meditamos e a forma como vivenciamos essa meditação. É impossível meditar no meio do dia, no trabalho ou no trânsito. Como aplicar nessas horas a lição da meditação?

Quando se exercita sempre a meditação, automaticamente nesses momentos o nosso corpo assume uma posição alfa, fazendo que passemos por tudo isso sem perceber.

Alguém que nunca meditou conseguirá o mesmo que alguém que meditou a vida inteira?

Não seria justo, não é? É o mesmo que perguntar se alguém que começou a estudar agora tem os mesmos conhecimentos que aquele que estudou a vida inteira.

Somente nosso esforço e perseverança podem nos modificar.

∽⊖

Estamos aprendendo com o senhor a dar mais valor às meditações. Gostaria de saber se qualquer pessoa, de qualquer religião, e até principiante, poderá encontrar conforto na meditação.

Estamos falando de duas coisas diferentes: uma é meditar, deixar a mente fluir, passear e parar; a outra é se inspirar para receber conforto.

A inspiração é resultado da meditação. Não que não haja inspiração sem meditação, mas uma meditação bem-feita inspira as pessoas que meditam.

Todas as pessoas, mesmo na primeira vez em que meditam ou oram com fé e muito sentimento, chegarão ao mesmo lugar, ou seja, ao encontro com energias superiores, ao encontro com seus mestres e – por isso eu digo – ao encontro da inspiração.

Os resultados não dependem da religião, mas do coração.

Se somos cristãos e oramos para determinado santo, ele também nos ajudará?

Se ele for santo ou mestre, ele lhe ajudará.

Mas compreenda que às vezes ajudar é fazer a pessoa desistir de algo, ajudar não é fazer exatamente o que a pessoa quer.

Vou exemplificar: fazemos uma oração ao nosso santo de fé – ou mestre – pedindo ajuda para o fechamento de um negócio, e com muita fé sentimos que nosso pedido foi atendido.

No dia seguinte, o negócio não dá certo e, sem compreender, passamos a culpar o santo ou mestre por isso.

O que não queremos ver é que se o negócio tivesse sido fechado, ele seria desastroso para nós.

Por isso, pedir algo a um santo ou mestre é também saber aceitar o resultado como o melhor para nós, independentemente de nossa vontade.

Então tanto faz pedir ajuda pela meditação ou pela oração?

Mais ou menos, eu diria que você deveria fazer ambas as coisas, começar meditando e terminar orando.

"Peça e serás atendido."

Agora estou começando a compreender melhor a importância da meditação e da prece. O senhor não acha que os pais deveriam ensinar seus filhos a orar e a meditar desde cedo?

Sim, esse seria um passo enorme para a evolução da humanidade.

Precisamos orar e meditar todos os dias?

Você não acha que a vida é curta e que o tempo que usamos para aprender a nos conhecer melhor e a nos comunicar com mestres é pouco?

Por isso, aproveite esses ensinamentos e não desperdice seu tempo.

Dizem que logo após a morte a pessoa sente e vê rapidamente muitos trechos marcantes de sua vida. Como isso funciona?

O estado do ser humano logo no momento da morte é o de se aprofundar num sonho, no qual imagens de fatos que tiveram importância na sua vida e estão armazenadas em seu consciente e subconsciente começam a aparecer para ele como rápidas projeções numa tela de cinema.

Tudo se passa com uma rapidez impressionante, e aquele que fez da vida seu engrandecimento estará mais leve, feliz, realizado e mais perto da luz.

Aquele que cometeu faltas graves, carrega mágoas ou feriu pessoas, enfim, que deixou dívidas com relação aos outros ficará num patamar mais escuro, pois seu espírito estará mais pesado para subir.

Uma vez passada essa primeira fase de adaptação, nossas energias aumentam e nosso corpo físico desaparece, embora continuemos a senti-lo como se estivesse lá.

O processo de desligamento é diferente para cada um, depende dos conhecimentos, da experiência e do quanto a pessoa está desprendida materialmente.

Dizemos nessa hora que tudo aquilo que realmente somos aparece.

Cai o véu que nos escondia e nos conectamos de imediato com energias iguais ou similares às nossas.

Existem o céu, o paraíso e o inferno?

Não do jeito que se acredita e se prega nas religiões.

Existem, sim, lugares comuns às energias inteligentes que somos, com as quais nos conectamos após a morte e que se assemelham a nossos mais profundos pensamentos.

Para as pessoas que têm pensamentos elevados e estão desprendidas de seus bens materiais, o encontro com energias similares, o encontro com entes queridos e a alegria que o espírito sente pela sua libertação da prisão do corpo levam-no a se situar na materialização de um sonho.

É fácil compreender isso comparando a morte com os nossos sonhos. Ambos são similares, já que os sonhos são momentos em que a alma se liberta da prisão do corpo físico.

Do mesmo jeito, o outro lado existe, são pesadelos com os quais nos conectamos e os quais vivenciamos, às vezes por longos períodos, até que nos transformemos em seres melhores.

Existem exercícios que podem nos ajudar e nos preparar para a morte?

Sim, e a meditação é o mais importante deles, pois nos dá confiança para que nos desliguemos do corpo conscientemente e partamos assim para esferas de luz.

Pelo que tenho aprendido, a meditação serve para tudo, certo?

Quase tudo, o resto depende de você.

A meditação engrandece e enriquece seu espírito, que é eterno.

Sempre tenho dúvidas e perguntas em relação à morte, mas a que mais me preocupa no momento é ter certeza de que reencontraremos lá nossos entes queridos.

Se somos energia e nos conectamos com energias similares, quando nos separamos da matéria física imediatamente vamos nos ligar onde os nossos pensamentos estiverem. Assim, nossos laços, nossas ligações de afeto, nos levarão a reencontrar familiares e amigos.

Mas não ficamos presos a eles nem eles ficam presos a nós, pois somos agora energias totalmente livres, podendo sempre agir somente de acordo com o nosso livre-arbítrio.

Desligue-se de dúvidas e temores e aproveite a vida para adquirir maior crescimento espiritual junto com seus familiares, amigos e demais pessoas à sua volta.

A morte chegará certamente e será maravilhoso se vocês estiverem todos bem preparados para ela.

～∽

Dando sequência às lições sobre como ajudar a pessoa que está morrendo a se livrar de suas angústias e erros, o que mais o senhor nos sugere?

Quando a pessoa doente está à beira da morte, ela se torna muito mais sensível e vulnerável.

Você deverá lembrá-la de todas as coisas boas que ela fez e construiu na vida. E, se ela quiser falar de seus erros e arrependimentos, diga-lhe que Deus é amor incondicional e perdão total, e que o arrependimento pelos erros, quando feito de coração, é uma grande janela de luz que estará sempre aberta para ela.

É válido acender velas, mandar flores, fazer caridade em nome da pessoa que já se foi?

Sim, pois o seu pensamento, que é transformado em energia, é dirigido diretamente a ela.

O cemitério é o lugar certo para reverenciar os mortos ou rezar por eles?

Cemitério é o lugar no qual os corpos descansam, decompondo-se para se integrar à terra.

Não faz diferença onde você reverencia seus mortos ou reza por eles, o importante é rezar e lembrar-se deles com amor, pois as lembranças são o legado que eles nos deixaram.

No entanto, existem pessoas que necessitam de um lugar para sentir a presença do falecido, e o cemitério as ajuda a se concentrar para rezar.

Seria injusto se fosse necessário um lugar específico para reverenciar os mortos, pois como se faria por aqueles cujos corpos desaparecessem? Seriam punidos, não é mesmo?

Faz diferença enterrar ou cremar os corpos?

Não faz diferença, já que a partir da morte física a alma, nossa energia, se desliga do corpo, despindo-se dele e deixando-o para trás.

Porém, os que são apegados de maneira exagerada a seu corpo físico sentirão dificuldade em deixá-lo, e a cremação pode lhes representar um sofrimento maior.

Aqueles que, por costumes religiosos, praticam a cremação dos corpos ou enterram seu mortos devem continuar a fazê-lo, pois já têm gravado e aceito na mente que essa é a melhor solução.

Assim, ser enterrado ou cremado dependerá da cultura e da religião, ou ainda de escolhas pessoais.

Cremar ou enterrar só levará à terra o que já é da terra. Relevante mesmo serão os pensamentos de amor e energia positiva dirigida aos que acabaram de falecer, o que lhes dará forças para enfrentar e superar as dificuldades desse momento.

Tenho vários parentes que já morreram, e eu não fazia ideia de que poderia ajudá-los de alguma forma nessa hora difícil. Não sabendo como proceder, ou o que dizer, eu fugia da situação. Agora estou arrependido e pergunto se ainda posso fazer alguma coisa que os ajude no lado de lá.

Meu irmão, não podemos nos culpar por coisas que não sabíamos; devemos nos alegrar por agora estarmos aprendendo.

Você sempre poderá ajudar quem já partiu, fazendo preces por ele e lembrando-lhe suas virtudes.

Esqueça os erros dele, pois todos somos ainda crianças e engatinhamos na moralidade e na evolução.

Nunca queira comparar a vida e as atitudes dessa pessoa com as suas, pois cada um de nós é um universo à parte e carregamos o peso de erros de vidas passadas.

Nada é tão benéfico à pessoa que já partiu quanto ser lembrada com doçura e amor.

Sabe, Mestre, essa lição foi muito importante para mim, pois me fez pensar nas pessoas que estão comigo agora, ao meu lado, vivas, mas ainda assim não recebem muita atenção de mim... O que posso fazer por elas?

Você mesmo respondeu! Já que gosta muito delas, deixe-as saber de seu carinho e arrume tempo para encontrá-las, conviver e aprender mais com elas.

Nunca nos arrependemos das coisas boas que fizemos, mas sim daquelas que deixamos de fazer.

A vida, quando bem vivida, é mesmo uma poesia, pena que passa tão depressa...

Meu amigo, realmente a vida é uma música da qual compomos a letra, e dizer que passa depressa nos faz lembrar que os momentos difíceis também passam rapidamente.

Vamos aproveitar cada dia e cada momento para nos engrandecer e lembrar que a vida não dura pouco tempo, ela é eterna!

Em vez de continuarmos com perguntas e respostas, quero agora que vocês meditem.

Procurem lembrar-se de todas as pessoas vivas de que gostam e abracem em pensamento cada uma delas. E façam o mesmo com cada uma que já partiu.

Esse é um exercício de amor e energização pelo qual vocês mandarão boas vibrações para todas essas pessoas, vivas ou mortas, e também receberão essa energia de volta.

Estamos aqui para aprender sobre vida e morte, sobre a passagem da vida para a morte, como uma preparação para nossa transição. Existe uma forma de passarmos adiante o que aprendemos aqui?

Todas as religiões acreditam na imortalidade do espírito, só variando quanto ao destino desses espíritos no plano espiritual.

Uma forma simples de aprender, de compreender e de transmitir informações sobre a imortalidade do espírito é observar a natureza.

Observe por exemplo o renascimento de uma floresta devastada pelo fogo: as árvores que pareciam mortas começam a receber novas folhas, folhas que estão nascendo agora. Observe a natureza em toda a sua extensão. Tudo se renova.

Nós, que somos energia inteligente, que acordamos pensando e vamos dormir pensando, como podemos imaginar que ao morrermos nossa mente desapareceria?

Essa energia pensante é imortal, e se manterá assim para todo o sempre.

E como a reencarnação se processa?

A reencarnação se processa pelo método de imantação, da seguinte forma: a nossa energia inteligente (espírito) começa a ficar mais pesada, devido aos nossos pensamentos de compromissos, saudades, vontade de ajudar o próximo ou pensamentos de ódio, posse, maledicência. Todos esses sentimentos que carregamos conosco vão ganhando massa e peso à medida que o tempo passa. Através da lei de atração, e como emitimos energias ou pensamentos direcionados, somos atraídos para as pessoas e energias com as quais nos conectamos, como se fosse o ímã atraindo o ferro.

É por isso que podemos reencarnar no mesmo meio em que vivíamos, ligados pelos laços de amor, ódio ou resgate. E é por isso, também, que muitas vezes temos sentimentos contraditórios em relação a alguns familiares.

Os animais também reencarnam?

É lógico que sim, pois se trata de um processo energético que flui.

Quando morrem, os animais mais inteligentes – como cachorro, gato, elefante, macaco, golfinho e outros – carregam consigo seus amores e mágoas e, como os seres humanos, vão renascer no mesmo meio onde outrora viveram, atraídos pelos laços de seus sentimentos.

E como ocorrem seus reencontros?

Seus sentimentos vão atrair, para junto deles, aqueles aos quais eles se ligaram antes.

Se você teve esse animal, o reencontro se dará de alguma forma: poderá achá-lo na rua, ganhá-lo de presente, comprá-lo...

Através do tempo e depois de muita evolução, dois seres que se amavam podem se tornar um só?

Você quer desvendar um conhecimento ainda muito maior do que poderia compreender, mas digamos que somos energia e que laços de amor se unem. Se estivermos leves, ligados por essa condição, então certamente nos tornaremos uma só energia.

E assim o processo vai seguindo até que toda a humanidade junte-se em uma só energia pensante, pura e de luz.

Isso seria Deus?

Meu amigo, Deus ainda é para nós uma incógnita, mas eu acredito que sim, e que daí tudo se originou e continua sempre em expansão.

Mas o importante aqui, agora, não é definirmos o inalcançável, mas aprendermos a simplificar nossos problemas, nossa vida, nossa existência, nossa morte e muito além dela.

Como ajudar aquelas pessoas que morrem de maneira trágica em acidentes, assassinatos ou repentinamente?

Quanto mais violenta for a morte da pessoa, mais ela necessitará de sua ajuda. Busque dentro de si todo o amor e compaixão que puder sentir e lhe transmita esses sentimentos na forma de ajuda e compreensão.

Explique que a morte não existe e um dia ficaremos todos unidos nessa mesma situação. E que o importante agora é que ele faça uma oração para compreender sua nova situação e aceite-a para então seguir seu caminho de luz.

Quanto maior for o seu sentimento ao lhe enviar essas palavras, maior será a possibilidade de a pessoa recebê-la.

Sabemos que tudo é energia e que a energia pesada de pânico ou de raiva que o falecido possa estar sentindo precisa ser desligada e reorientada para que a ajuda a ele realmente se efetive.

É possível nos comunicarmos com uma pessoa que acabou de morrer?

Não seria muito egoísmo de sua parte querer se comunicar com alguém que acabou de partir, que está cheio de dúvidas, incertezas e até medos, e fazer essa pessoa se preocupar em lhe responder?

Além disso, se isso fosse fácil para eles, certamente todos os mortos dariam seu testemunho, mas posso lhe dizer que essa comunicação é possível se a pessoa falecida é alguém de grande elevação espiritual e está totalmente consciente dessa passagem. Portanto, contam-se nos dedos esses casos.

Existe céu? E inferno?

A pessoa maldosa, raivosa, vingativa tem o corpo espiritual pesado e pesados são os seus pensamentos, portanto ela se conecta exatamente com energias iguais às suas, agravando ainda mais as suas dores.

Esse é o inferno que ela passará a viver, que em parte é sua criação e vai se somar ainda à criação dos pensamentos das outras almas em conexão com ela.

O mesmo ocorre com uma pessoa boa, de boa índole, amigável, que ao morrer vai se conectar com esse mesmo tipo de energia e ficará mais pura quanto mais puros forem esses pensamentos somados.

Por isso diz-se que existem céu e inferno, mas que eles estão dentro de cada um de nós.

O que acontece com alguém que se suicida?

Esse é um assunto mais complicado.

Primeiro é preciso saber qual foi a razão do suicídio.

Se tiver sido por obsessão o caminho é um, se foi por doença mental o caminho é outro, se foi por pura maldade para prejudicar alguém, outro caminho; se tiver sido por desespero perante a possibilidade da morte, adiantando-se a ela, outro caminho ainda.

E assim vão-se definindo diferentes caminhos para cada caso, mas posso lhe adiantar que todos eles serão difíceis e de sofrimento, mas nunca impossíveis de ser superados, já que nenhum sofrimento é maior do que aquele que a pessoa consegue suportar.

Esse sofrimento durará até que a pessoa se modifique interiormente e se conscientize de seus atos.

Não existe pena eterna, somos nós que a definimos para nós até que nos perdoemos e aceitemos com resignação nosso erro.

Existe uma prece especial para um suicida?

Sim, e talvez até mais importante para ele que em todos os outros casos.

Em primeiro lugar, não o culpe e perdoe-o.

Depois, converse com ele de coração e explique que também ele deve se perdoar e aceitar o novo caminho, que se conscientize e aceite os desígnios que lhe são traçados, e que muitas vezes esses desígnios foram traçados até por ele mesmo.

Que ele pense na luz de amor vindo salvá-lo e aceite essa salvação.

Quanto a você, faça por ele muitas, mas muitas preces, emitindo energia e luz.

Além de tudo isso, quando fizer qualquer caridade a alguém, diga que é em homenagem a essa pessoa que se foi.

∽⊙

Mestre, o processo de morrer é doloroso?

Para os monges budistas, esse processo é tão natural e respeitado porque para eles a morte é a continuidade da vida.

O mesmo não ocorre com a maioria das pessoas, já que elas não têm nem cultivam conhecimentos a esse respeito. Para elas, morrer é sofrer, abandonar tudo e todos os que amam. Por essa razão a morte assusta tanto, ou causa mesmo um verdadeiro pânico.

Como então estar à beira da morte sem sofrer? Estou me referindo a sofrimento interior, não estou falando do sofrimento ligado a alguma doença terminal ou a outras dores físicas.

Por tudo isso é que é de grande importância, senão da maior, que se ensine às crianças, desde pequenas, a aceitar a morte como continuidade da vida.

Para aqueles que compreendem esse estágio, a morte pode ser gratificante.

Além do que já nos foi ensinado aqui, o que mais podemos fazer para ajudar alguém em seus últimos momentos?

Com muita fé e amor, pedir a todos os seus familiares e amigos queridos que já partiram que venham recebê-lo em festa.

O que fazer se a pessoa que está morrendo está em um hospital, na UTI, com todos os aparelhos ligados e muito sofrimento físico, e quase não conseguimos nos aproximar dela?

Imaginar que uma força espiritual está iluminando todo o local onde o doente repousa, e que uma bênção de luz muito especial está sobre a cabeça dele.

Reze, no fundo de seu coração, e peça auxílio ao mundo espiritual para indicar aos médicos e enfermeiras que deixem o paciente morrer em paz e dignamente. Depois, converse com a equipe médica e fale sobre sua preocupação com a falta do carinho, do calor humano da família junto ao doente moribundo.

Se for possível, tente levar esse doente para um lugar mais tranquilo, sem muita gente ou aparelhos ao redor, e fique o mais perto possível dele, dando-lhe seu carinho e lhe falando de sua certeza de que um dia vão se reencontrar, sob outra *forma e em outro lugar. Diga-lhe que agora é como se ele fosse fazer uma viagem de férias e estudos para bem longe, mas que depois, no momento certo, você, ele e todos os seus entes queridos estarão juntos novamente.*

O mais importante é que nesse momento exista a conscientização geral de que o moribundo merece o respeito de morrer dignamente.

Como ajudar quem morre violentamente em um acidente ou assassinato se não estivermos perto dela?

Se vocês não estiverem presentes nessa hora para ajudar, devem rezar e falar com a vítima em pensamento, visualizando-a bem, como se ela estivesse viva na sua frente, e explicar com amor e paciência que a vida continua e ela deve perdoar seus agressores, e que tenha muita paz para seguir em frente, para a nova casa onde agora irá morar.

Incentive a pessoa falecida a que, junto com você, faça uma prece de despedida e uma prece de renovação e, com os seus próprios pensamentos, ajude-a a pensar nas coisas boas que ela gostaria de fazer e aprender. Assim você vai dar forças à pessoa para que ela vá por esse caminho novo.

Enfim, Mestre, estou vendo que morrer é uma grande arte e que pouco ou quase nada sabemos a esse respeito.

Morrer não é uma arte, morrer é tão natural como comer, caminhar, acordar, dormir, conversar.

Morrer é seguir vivendo.

Tenho tentado meditar a meu modo e sempre algo me traz novamente à realidade, seja um som diferente ou um pen-

samento passando. Por mais que eu tente, sinto que sou incapaz de atingir a meditação total. O que fazer?

A meditação mais profunda é aquela que faz a sua mente se desprender do corpo; os pensamentos ficam passando em separado, como se fossem duas pessoas diferentes. Deixe esses pensamentos passarem e desfrute desse tempo em que nada acontece.

É aí que suas energias estão sendo recarregadas e o contato com mestres superiores, ou com energias superiores, se faz.

Com a prática e o tempo, você vai aumentando essa sensação, esse período de paraíso, e será capaz de se proporcionar um instante magnífico de autoconhecimento e equilíbrio e uma sensação de paz.

Importante é a devoção, o trabalho, a repetição e a disciplina, sempre.

$\backsim$

O que o senhor me diz de tantos divórcios no nosso tempo?

Parece que o tempo corre depressa demais e que assim também corre a paciência das pessoas.

A vida, além de ser uma escola para nós, nos traz a obrigação de sermos felizes com ela.

Se o matrimônio ocorreu por ilusão ou pelos bens materiais do cônjuge, numa ligação pelo sexo ou por ilusão de que era amor, sou a favor da dissolução.

Mas se a união foi selada por amor verdadeiro e por compromisso familiar com os filhos e é cortada por motivos fúteis, então, meu caro, o carma será pesado.

Ninguém agride o outro sem pagar mais tarde. Ou seja, ninguém lesa ninguém sem que depois tenha de reparar o erro cometido.

Essa é a lei da ação e reação.

E para casais que têm filhos, como fica a separação?

Não precisamos ir muito longe: numa casa onde o amor não está presente a infelicidade ronda a todos.

É melhor separar-se do que viver brigando.

E o melhor para os filhos é a sinceridade, não esconder nada, conversar bastante com muito amor e paciência, para ajudá-los também nessa hora tão difícil para todos.

Nunca esquecer que ex-marido não é inimigo e que, embora uma fase dessa vida tenha passado, isso não quer dizer que não se aprendeu nada com ela.

Aproveite os ensinamentos e nunca se sinta diminuído pelo insucesso do casamento, mas feliz por toda a experiência e pelo crescimento que tiveram juntos.

Quanto aos filhos, tratando seu ex-cônjuge com respeito você faz que eles sintam que não estão separados de vocês.

O que o senhor acha do casamento de homossexuais?

O que o amor unir está abençoado.

Não podemos julgar caminhos de ninguém.

Imagine que outras vidas se passaram entre eles, e por isso não podemos julgar nem punir, só aceitar.

O senhor está tocando num ponto perigoso, pois a maioria das religiões não aceita esses casamentos... E como fica, nesses casos, a reprodução humana?

Não estou tocando em nenhum ponto nevrálgico, pois tudo isso faz parte da natureza.

Quanto à reprodução humana, você já ouviu falar em equilíbrio da natureza?

Se ocorresse algum desequilíbrio no nascimento de novos indivíduos, você não acha que, sendo a natureza perfeita, não existiriam homossexuais?

E quanto a tantas crianças abandonadas, será que não seria um caminho natural sua adoção por esses casais?

Ou você prefere vê-las na rua, quando abandonadas pelos seus pais?

Será que não existe uma razão para cada coisa?

Acaso você desconhece que em todo o reino animal existe a homossexualidade? Seria isso uma aberração?

Se existe é porque é necessário. Nossa luta é pelo equilíbrio humano universal, e onde houver amor sou a favor.

Se não existissem aqueles que desrespeitam as outras pessoas e seus caminhos, o mundo seria melhor, as energias melhores, e tantas doenças mentais e loucuras referentes a esse assunto não existiriam.

Já pensou nisso?

〜

Para aprendermos a nos elevar interiormente, além da meditação, o que mais devemos fazer?

Existe um ditado que diz que homem que não trabalha não come. Aqui nos referimos à mesma coisa, a de que precisamos trabalhar para o nosso aperfeiçoamento interior.

É preciso ter mais compromisso conosco para policiar os

nossos pensamentos. Aconselho começar sempre vigiando os pensamentos e substituir os de origem negativa por aqueles de engrandecimento interior, amor e compreensão.

Mesmo nas situações mais difíceis primeiro precisamos entender que tudo vai passar e perceber qual foi a lição aprendida com isso, respeitando a opinião do outro ou a sua atitude.

Sentimentos não são apenas sentimentos, eles vêm carregados de energias criativas e construtivas.

Com pensamentos, criamos o céu ou o inferno no qual residiremos.

E quando enfrentamos uma briga ou discussão que tem consequências para nós? E quando nossos direitos são desrespeitados e nossa energia parece quintuplicar de tanta raiva? Como agir nesses momentos?

O momento não faz a menor diferença.

Você deve sempre agir com resignação e compreensão, procurando se acalmar. Lembre-se: tudo é passageiro e isso também passará.

Às vezes, não discutir é sinal de fraqueza. Por exemplo, se no nosso trabalho somos ofendidos acho que devemos nos defender. Está correto?

Estamos falando de coisas diferentes.

Uma delas é perder a compostura, e essa situação nunca deve acontecer a alguém que tenha equilíbrio interior e evolução.

A outra é se defender. E para isso você deve usar todos os seus conhecimentos, bem como sua inteligência e sua integridade para se proteger – mas em altíssimo nível.

Nunca baixe os pensamentos a um nível tal de raiva que suas energias se quintupliquem, porque em vez de ficar mais fortes a sua aura e a sua energia interior estarão se exaurindo e emitindo fluidos muito mais negativos à sua saúde do que a energia ruim que vem de seus oponentes.

Mestre, moro num lugar perigoso, onde corro o risco de ser assaltada, raptada ou até assassinada a qualquer momento, e penso em como reagir em situações como essa, quando minha vida corre perigo...

Pois é numa hora como essa, de extrema importância para a sua sobrevivência, que os ensinamentos da meditação são importantes, e que os nossos conhecimentos de nós mesmos nos ajudarão.

Imagine que você consegue manter a calma, os sentidos e a inteligência, todos eles unidos. Você terá uma chance maior de sair ileso da situação, especialmente porque o ladrão, assassino ou seja quem for estará extremamente desequilibrado nessa ocasião.

E em caso de nos vermos frente a frente com um perigo enorme, como ficar refém na linha de frente, com uma arma na cabeça, sofrendo ameaças e ataques físicos? É possível manter a calma nessa hora?

Meu caro amigo, você terá duas opções: ou mantém a calma ou se desespera.

Qual das duas situações lhe dará mais condições de sobrevivência?

E se não conseguirmos manter a calma?

Não existe o não conseguir, existe o não tentar.

Se você se prepara fazendo meditação todos os dias e se esforça ao fazê-lo você conseguirá.

Podemos só meditar uma vez por semana, já que a correria do dia a dia muitas vezes não nos deixa mais tempo?

Sim, é bem melhor que nada, porém quanto mais você meditar cada vez o fará melhor e maiores serão os benefícios da meditação.

Todos somos livres para escolher quando e quanto devemos meditar.

⚭

Enquanto as escolas não incluem a meditação no currículo, por que nós não a incluímos na educação de nossos filhos?

Essa é uma boa pergunta e excelente sugestão. Quanto mais ensinamentos você passar a seus filhos e familiares, mais você os ajudará a evoluir rapidamente, tornando seu lar também leve e energizado.

É verdade que, ao morrer, quanto mais pobre for a pessoa mais facilidade ela terá de se desprender do corpo físico?

Isso dependerá da evolução da pessoa e nada tem que ver com dinheiro acumulado.

Acredita-se que o homem rico costuma se apegar aos seus bens materiais e ao morrer ainda estará apegado a eles, não admitindo deixá-los. Quando isso acontece, de fato esse homem passará por um longo período de sofrimento porque ainda está ligado à matéria, só que sem corpo físico nem um lugar próprio definido.

Seriam esses por acaso os famosos fantasmas que assombram mansões e castelos?

Bem, entre outros casos, eles poderiam se enquadrar nessa situação: como se acham donos da propriedade e de tudo que nela existe, não permitem que ninguém se aproxime, não conseguem deixar de vigiar seus antigos bens.

Por que algumas pessoas têm uma fé inabalável e até lembranças de vidas passadas que surgem em flashes?

Não é mesmo igual para todos. Aqueles cuja fé foi testada em vidas passadas têm tanta energia para manter essa fé que são fortes a ponto de ultrapassar a anestesia da reencarnação.

Vamos exemplificar, para entenderem melhor: em uma cirurgia com anestesia geral, sabemos que existem casos de pacientes que relatam ter sentido a cirurgia, mas não a dor. São casos raros, mas que podem acontecer.

O mesmo acontece com os que têm lembranças e flashes de vidas passadas.

Além da razão física, existe algum outro motivo, de ordem maior, para esse acontecimento?

Não, o que existe é merecimento.

Por exemplo, os mestres budistas de grande compaixão e compreensão relembram suas vidas passadas com bastante clareza.

Além do mérito, pode acontecer até por choque. Digo choque referindo-me a uma pressão tão forte na energia dessa pessoa em sua vida passada que nem a anestesia geral da reencarnação consegue apagar.

Mas, de alguma forma, observando as nossas tendências e fraquezas, podemos ter uma ideia do que fomos ou fizemos em vidas passadas.

E o que é inspiração? Ela vem de nossas vidas passadas ou acontece por influências espirituais?

A inspiração pode surgir de várias maneiras: você pode ter inspiração porque já a tinha em outras vidas; também pode acontecer de algum espírito maior querer, através de você, desenvolver algo ou até se comunicar; a inspiração também pode surgir simplesmente porque nesta vida você tem tendência a ser inspirado.

A inspiração caminha de mãos dadas com a evolução.

É possível que uma pessoa ou um espírito consuma nossa energia a ponto de nos deixar prostrados?

Sim, é claro. E é fácil de entender.

Como somos energia e nos sentimos atraídos por energias, quando entramos em contato com uma energia oposta à nossa perdemos massa energética. Em outras palavras, significa que ficamos com falta de energia, e pode levar algum tempo para que nossas baterias sejam recarregadas.

Durante um único dia isso pode nos acontecer várias vezes, dependendo de quem encontramos, em quem pensamos ou com quem nos conectamos.

É possível que duas pessoas com energias totalmente diferentes se casem?

É claro que sim, pois essa é a lei da evolução: o maior sempre ensina o menor a evoluir.

Mas não é por isso que há tantos casamentos que não dão certo?

Unindo-se energias diferentes sem nenhuma paciência e nenhum amor, os casamentos não vão dar certo.

A infidelidade é uma dessas causas?

A infidelidade pode ser uma das causas, mas não é a única.

O homem e a mulher de hoje estão tão imediatistas que não têm paciência para esperar uma crise ou um problema passar e se ligam logo a outro companheiro, aumentando assim, na maioria das vezes, seus infortúnios e seu carma. É um grande engano.

Aquele que ama de verdade não trai.

E aqueles que traem estão precisando levar alguns choques na vida, para aprender a amar verdadeiramente.

Qual é, a seu ver, Mestre, a maior causa das separações?

É a necessidade compulsória do imediato. É a falta de compreensão e a falta de vontade de tentar.

Ademais, as tentações aumentaram muitíssimo, pondo à prova a resistência, o amor e a sinceridade dos casais.

O senhor poderia definir o que é lar?

Lar é o nosso templo de renovação e aprendizado.

É o lugar onde acontecem nossos mais importantes resgates e no qual aprendemos a grandeza e a compaixão, o amor e a solidariedade.

O lar é o núcleo mais importante da sociedade.

⁘

Será que algum dia poderemos determinar se estamos ou não prontos para morrer, isto é, se chegou a nossa hora?

Com a evolução da alma através de várias reencarnações, e com o equilíbrio total de todas as estruturas do corpo físico obtido com meditações, bons pensamentos, estudos, compaixão e amor ilimitado, o ser humano consegue até dominar a morte e sentir quando o seu momento deve chegar.

Mas vamos exemplificar melhor: qual de vocês nunca ouviu falar de casos de doentes à beira da morte que, inexplicavelmente, vivem meses naquela condição terminal? Isso se refere à vontade e à ligação desse doente com o seu corpo físico, os parentes, a matéria em geral, o medo da passagem...

Por acaso isso não seria também um caso de escolha de quando morrer?

Sendo assim, podemos com certeza dizer que ainda conhecemos muito pouco de nós mesmos!

Ainda somos vermes da evolução e não dominamos uma milésima parte do que é a nossa máquina física. A maioria de nós tem somente instintos que nos fazem viver a vida como se ela fosse única, sem exercer controle algum sobre essa máquina maravilhosa que é nosso corpo físico.

Não tenho nenhum domínio sobre meu corpo, gosto de beber, de comer, não controlo minhas dores e ainda tenho várias doenças de ordem psicossomática. O que o senhor me sugere fazer?

Invertamos essa pergunta e imaginemos que você é o mestre e eu o aluno que faz essa mesma pergunta. Qual seria a sua resposta?

Acredito que você diria que devo meditar mais, abrir meu coração à compreensão, perdoar aqueles que me incomodam, ter amor pelo próximo, ser caridoso, ter mais paciência e procurar estudar para aumentar meus conhecimentos sempre.

Muito bem! Isso prova que todos temos dentro de nós as respostas, só que não queremos nos modificar porque isso nos daria muito trabalho.

Precisamos mudar já nossas atitudes e lutar arduamente pela nossa melhora interior.

Pelo que entendi, morrer bem significa deixar tudo, e se mantivermos raiva ou mágoas esses sentimentos vão nos deixar ligados àqueles que nos feriram. Sei que o senhor me dirá para perdoar ou esquecer, mas às vezes parecemos entrar em um processo obsessivo com relação a isso. Como me livrar disso e conseguir vencer essa barreira?

Se você pensa em alguém com raiva, mágoa, ódio, esses pensamentos carregados de energias negativas logo encontram na natureza energias negativas semelhantes que se juntam às suas e vão se acumulando cada vez mais. E você entra então num processo do qual não encontra a saída, continuando prisioneiro dessas energias, aumentando cada vez mais seu sofrimento.

Não é bem mais fácil e saudável perdoar e esquecer?

Procure atrair boas energias, alegres e positivas, esqueça o que passou e siga livre.

E como nos separar de nossa querida família quando somos seu único arrimo, deixando-a desamparada?

Não somos nós que escolhemos morrer, é a morte que nos escolhe. Não temos outra opção a não ser orar para que os amigos espirituais amparem a nossa família e não lhe deixem faltar nada.

Lembre-se de que você está só fazendo uma viagem e no final reencontrará a todos.

A morte não existe, o que existe é a continuidade.

Por que os mestres tibetanos, quando morrem ou presenciam a morte de um amigo, não ficam tão tristes?

Porque eles têm a convicção de que é uma despedida temporária e que tudo correrá bem com essa pessoa querida que está partindo.

～⊖

Na reencarnação, como não nos lembramos de nada, nossa essência permanece?

Como somos energia, quando morremos continuamos sendo a mesma energia, porém liberta do corpo. Imagine que essa mesma energia vai se submeter novamente ao aprisionamento em um novo corpo físico, sujeito à lei da hereditariedade, do meio ambiente e da família, apenas revestida de uma forma diferente. A essência da pessoa, porém, continuará a mesma e até poderá ser reconhecida por espíritos que a conheceram em outra vida.

Isso explica que existam gênios da música, das artes, da ciência?

Sim, porque essas pessoas já tinham na sua essência esse conhecimento, e partem da experiência anterior para a nova vida. Fica sempre impresso em nossa energia o que alcançamos na outra vida, tanto as coisas boas como as ruins que tivermos cometido.

Não é porque se morre que se vira santo, não é porque se reencarna que tudo se apaga.

Somos e sempre seremos a continuidade de todas as nossas vidas e de todas as nossas obras.

Sendo assim, dá para entender por que existem pessoas extremamente ruins...

Exatamente. Na essência, essas pessoas carregam essa marca de outras vidas e, por razões várias – familiares, oriundas de maus-tratos, fruto de problemas sociais ou mesmo de desequilíbrios físicos e genéticos –, esses traços negativos voltam a dominar esses indivíduos e a se desenvolver neles.

Então, um assassino pode reencarnar assassino?

Ele foi um assassino, mas lembre-se de que ao renascer não se lembrará de nada, mas terá tendências que podem revelar sua origem.

A vida familiar e social, os choques e as interferências que ele sofrer durante a infância poderão despertar essas tendências ou fazê-las desaparecer.

E é por isso que a família e a sociedade têm uma importância enorme e grande responsabilidade na transformação de almas como essas – que, se receberem orientação, cuidados e especialmente amor poderão anular essa tendência.

Podemos escolher onde reencarnaremos?

Mais ou menos. Somos energias que se unem a energias iguais, atraídos como o ferro pelo ímã.

Então, se temos ligações de amor ou de ódio, estaremos imantados nelas, e, se as pessoas que amamos já estão reencarnadas, a nossa nova vida não vai estar longe delas. A cegonha tem endereço certo para entregar o bebê.

Energias se unem a energias semelhantes.

E é possível que reencarnemos em uma família formada, em sua maioria, por entes queridos de outras vidas e por alguns que possam ter sido nossos inimigos?

Como não? Você vê isso todos os dias, em todos os lugares e em todas as famílias.

Mas não se esqueça de que a família é o lugar sagrado no qual todos reiniciamos nossas histórias e nossos caminhos.

Quando temos um problema relativo a alguém que nos incomoda, de quem não gostamos, como mudar esse sentimento tão profundo?

Nunca se deixe levar pelo ódio, pela raiva ou pela intolerância. Lembre-se de que vivemos várias vidas e certamente tivemos desafetos em outras vidas que poderão continuar sendo ainda nas próximas, dependendo da forma como lidamos com essa situação agora.

Pense que essa pessoa também procura a felicidade, que como você também precisa de abrigo, de amor e de compaixão. Por que, em vez de raiva, não encher seu coração com o amor e a luz da compreensão?

Isso repercutirá no coração dela e ambos ficarão envolvidos pelo calor desse amor iluminado.

Veja a si mesmo abraçando-a e deixando a luz que os envolve ser totalmente clara, iluminando inclusive suas mágoas, limpando o caminho de escuridão que você estaria prestes a trilhar.

Aprendemos que reencarnaremos com nossos afins. Mas como explicar famílias que têm problemas com todos os filhos e nas quais não existe nenhum afeto entre eles?

Pessoas que em outra vida desencarnaram com ódio, raiva, inveja, pensamentos negativos e só deixaram mágoas e destruição, naturalmente agora se conectam com as próprias energias que semearam.

E será por meio do sofrimento conjunto que todos eles terão a chance de melhorar interiormente e de progredir.

Por que algumas pessoas nascem com defeitos, deficiências, doenças mentais ou qualquer outro tipo de desequilíbrio?

Por vários e diferentes motivos. Por exemplo, se essa pessoa tiver, em vida anterior, lesado o seu corpo físico conscientemente, por falta de cuidados, também terá em consequência lesado o seu espírito, a energia que é o espelho do seu corpo. Claro que ao reencarnar trará consigo essas lesões, que surgirão como doenças, desequilíbrios ou deficiências, carma que a redimirá de sua culpa e a fará evoluir.

Isso também pode acontecer se a pessoa for conscientemente responsável por um mal causado a outra pessoa.

Mas existem casos em que deficiências mentais e outros problemas surgem não como carma por culpas anteriores, mas como consequência acidental de má gestação ou provocados por outros fatores.

O que fica, porém, desse sofrimento, seja qual tenha sido o motivo, é a certeza de uma recompensa espiritual.

Podemos reencarnar em outros planetas?

Como não? Mas, se ainda estivermos conectados com as energias da Terra, aqui tornaremos a reencarnar.

Quando nos tornarmos seres mais elevados, nos conectaremos com energias superiores em planetas superiores, e lá então poderemos reencarnar.

Se não melhorarmos, ficaremos estagnados, podendo até ser atraídos para planetas inferiores.

E essa história de reencarnar não vai acabar nunca?

Temos muito ainda que aprender, e enquanto precisarmos aprender teremos de renascer.

Mestre, se não tivéssemos fé no que o senhor nos transmite, de nada serviriam as suas lições. Essa fé nos ajuda ou é totalmente indiferente?

O importante é que tenham fé em si mesmos e acreditem que têm dentro de si as possibilidades de se engrandecer.

Não menos importante é que tenham fé em seus mestres, pois por meio de seus ensinamentos vocês poderão adquirir mais conhecimento para crescer.

A fé abre o nosso coração a percepções maiores. Assim, em nenhum momento poderemos dizer que sem a fé nos mestres não conseguiremos nos engrandecer, pois o faremos se tivermos fé em nós mesmos, em nossos atos, pensamentos, ideias e realizações.

Somente a nossa fé seria suficiente para ajudar os que caminham ao nosso lado nesta vida?

Não, sozinha a fé nada pode realizar.

Você precisa ter fé e, ao mesmo tempo, dedicar-se ao trabalho árduo, acreditando e fazendo tudo que estiver ao seu alcance para transmitir a eles os ensinamentos que tem aprendido.

Mas lembre-se de que cada pessoa é um mundo à parte e de que cada um tem o seu momento para crescer, portanto não espere que o que ocorrer dentro de você ocorrerá no outro da mesma forma.

Como ajudar as crianças a aprender, desde cedo, a ser pessoas melhores e boas cidadãs?

Simplesmente pelo seu exemplo.

Se somos iguais na essência, por que somos tão diferentes uns dos outros?

Porque, embora tenhamos sido criados com a mesma chama de luz que é a nossa energia, fomos criados também com o livre-arbítrio, e muitas vezes escolhemos caminhos diferentes para chegar ao mesmo lugar.

Poderão ser caminhos mais longos ou mais curtos, mas todos chegaremos lá um dia.

Chegaremos lá, mas o que é lá exatamente? É o paraíso?

É o lugar onde nossas energias se unirão, por terem se tornado totalmente iguais.

Iguais no amor por todos e por tudo.

E é para isso que teremos de reencarnar várias vezes?

Sim, para o nosso próprio crescimento.

O senhor gostaria de nos deixar mais algum ensinamento hoje, Mestre?

Sim. Todas as pessoas que oram com fé estão mais perto de se conectar com seus mestres.

Aqueles que se conectam com seus mestres têm condição de aprender mais rapidamente.

Aqueles que aprenderem terão condição de mais rapidamente passar os ensinamentos adiante.

E assim criamos mais uma corrente de luz que poderá atingir o infinito em iluminação.

Nunca se desestimule nem desista, a vida é cheia de percalços, que são lições, e nós somos os alunos que desejam passar de ano.

Mas, se acaso repetirmos uma matéria hoje, poderemos recomeçar e finalmente aprendê-la.

Assim é que deve ser a nossa vida, seguindo, trilhando desafios, e com coragem vencendo todas as barreiras e transformando-as sempre em luz de ensinamentos e luz de amor ao próximo.

O senhor sempre nos ensinou que ter compaixão pelas pessoas nos eleva e purifica. Como compreender bem isso?

Compaixão é a palavra-chave para felicidade. Aquele que tem compaixão pelos outros a tem por si mesmo também. A compaixão nos faz menos egoístas, mais abertos para ajudar e somar nossa energia à dos outros. Por isso se diz que "àquele que é caridoso se abre o reino dos céus".

Então como é possível despertar em nós o sentimento de compaixão, especialmente neste mundo, em que é "cada um por si"?

A compaixão é inerente ao ser humano. Ela está dentro de cada ser, só que o egoísmo, e às vezes o sofrimento mal compreendido, mascaram e sepultam essa joia dentro de nós. Para fazê-la aparecer novamente, além da boa vontade, precisamos praticar a caridade para com o próximo. Quanto mais caridoso você for, mais compaixão brotará em você. E a compaixão sepulta o nosso egoísmo e nos torna pessoas mais positivas e muito melhores.

Se compaixão é a chave da felicidade, existem outras chaves também?

Todas as atitudes que a pessoa tomar em benefício do próximo a levam para mais perto da felicidade. Quando você ajuda alguém, imediatamente a energia de agradecimento dessa pessoa é dirigida a você e se soma à sua vontade de ajudar, adicionando-se ainda às energias iguais à sua volta, o que o transforma em um gerador de felicidade.

Quando somos negativos e egoístas atraímos, como um ímã, as energias iguais à nossa, transformando-nos em verdadeiros geradores de má vontade e da nossa infelicidade.

No dia em que o homem compreender como verdadeiramente somos influenciados pelos nossos pensamentos e energias, acredito que ele será melhor.

Podemos também receber a energia dos seres inanimados e de todos os seres animados, como a dos animais?

É claro que sim, pois somos todos átomos na nossa essência. Somos partículas afins. Os seres inanimados, como as pedras e a terra, são energias momentaneamente estáticas. Porém, todos os seres animados são dotados de alma, ou energia em evolução. Plantas e animais são, assim, energias vivas e dotadas de capacidade de doar energia, por isso as ervas podem curar ou até matar, conforme o uso que delas se faz.

Tudo na natureza foi criado para a obtenção da harmonia, mas quando o homem, usando a inteligência aliada ao egoísmo, retira da natureza apenas o que lhe serve e lhe dá prazer, quebra essa harmonia, alterando o equilíbrio da natureza.

E a frase "Amai ao próximo como a ti mesmo"?

Essa frase profunda e verdadeira diz tudo. Se deixarmos o egoísmo de lado e aprendermos a enxergar o mundo com os olhos de Deus, como todos sendo parte de uma mesma família, sem dúvida nossos sofrimentos acabarão. Imagine um mundo onde todos os seres vivos pensassem assim? Nada na natureza seria destruído. Nunca ninguém deixaria de lhe estender a mão caso você necessitasse, e todos seriam irmãos e viveriam em perfeita harmonia com o planeta, com seu clima, com suas energias. Sem dúvida seria o paraíso. Essa frase sintetiza o paraíso e como poderemos encontrá-lo.

∞

Nossa mente sempre flui livre através de pensamentos. Às vezes pensamos coisas totalmente descabidas, que parecem sair de outro lugar que não a nossa cabeça, mas em outras parece que os pensamentos são realmente controlados por nós. Isso significa que nos conectamos com outras energias pensantes e as incorporamos?

Você levantou uma importante questão. O homem e os seres vivos em geral estão todos ligados num circuito de energias vivas. Estas fluem por todos os lados do planeta e por todos os lados do espaço infinito. São inteligentes e vivas. Sem elas, a existência – humana, animal e vegetal – seria impossível. É o que chamamos de sopro de vida.

Podemos, então, afastar qualquer aspecto fantástico ou sobrenatural naquilo a que você se referiu, pois, se para haver vida necessariamente tem de haver energia, energia se conecta com energia. Isso explica porque nós, durante a vida, os dias, conforme forem nossos pensamentos, poderemos sofrer interferências das energias de fora que estão conectadas conosco.

Para simplificar: sim, quando os pensamentos são diferentes dos nossos, ou ficam fora de controle, eles não são nossos, mas de outras energias que estão próximas. Por serem elas ligadas aos nossos pensamentos e conectadas a nós, somos e seremos responsáveis pelo resultado deles, pois podemos e devemos atuar como filtros desses pensamentos.

Mas isso está bastante complicado. É o mesmo que dizer que estamos sofrendo obsessão de espíritos?

Não é o mesmo, isso seria uma visão simplista. Como estamos sempre conectados a todo tipo de energias vivas, só dependerá de nossos pensamentos e de nossas tendências.

A obsessão é um ataque constante de energias negativas sobre nossa mente. Tal ataque é feito com nosso consentimento, pois se não abrirmos o campo dos pensamentos nesse sentido a porta fica fechada e nenhuma energia negativa penetra nela. Diante disso, podemos concluir que somos responsáveis até pelas obsessões que sofremos.

É verdade, Mestre, que nossas tendências nesta existência nos mostram o que fomos e fizemos em outras vidas?

Sim, é verdade. O homem reencarna com a bênção do esquecimento total, mas traz consigo, em seu DNA espiritual (se assim pudermos chamar), as tendências que podem se concretizar nesta vida. Um assassino tende a repetir o mesmo erro nesta vida, bem como um suicida, um traidor, um desajustado, um ladrão, um pai ou uma mãe irresponsável...

A reencarnação é, então, a escola que vai nos ensinar a enfrentar nossas fraquezas, e para passar de ano teremos de superar nossos erros passados e aumentar nossos acertos.

E assim vai-se seguindo em outras vidas, até a superação de todos os erros cometidos.

Temos conversado bastante sobre nossas responsabilidades. Mas e quando os erros de outros interferem em nossa vida, como no caso de um pai que abandona o lar e larga

a esposa e os filhos à própria sorte, colocando a família toda em risco?

Meu filho, nada acontece que não mereçamos. Isso significa que estamos ligados a esse pai, sem ter conseguido mudar essa energia da família, o que é, sim, de nossa responsabilidade. Ou seja, estamos conectados com essa família para passarmos pelos mesmos problemas que certamente, em outras vidas, causamos a outras famílias. É a lei do carma: ação e reação.

Parece, assim, que tudo é crime e castigo. É como se Deus não fosse bondade. Se eu estiver nessa família pela primeira vez, mesmo assim devo ficar jogado à própria sorte como eles ficaram?

Dizer que ficará jogado à própria sorte é o mesmo que negar a presença de Deus e do mundo espiritual que nos cerca. É o mesmo que dizer que somos sozinhos no mundo! Isso é impossível, pois se somos energia e nos conectamos com energias afins, nunca, mas nunca, estamos sozinhos! Me diga, você aprende só lendo ou só ouvindo fatos e histórias? Não, o homem infelizmente aprende através do sofrimento, e é para isso que o sofrimento existe.

Quando o homem for capaz de se dignificar, de amar verdadeiramente tudo na natureza, a dor cessará e também cessarão as reencarnações.

༄

Sempre que começo a meditar, passam por meus pensamentos várias coisas, às vezes felizes e bonitas, mas às vezes assustadoras. O que fazer quando fico assustado ou inseguro?

Respire mais profundamente e imagine que esses pensamentos fluirão e se desmancharão como a neblina no vento. Não se assuste nem se fixe neles. Na natureza, para que haja equilíbrio, em tudo existe a energia positiva e a negativa. Se captarmos a negativa isso não significa que teremos um dia ruim ou que é um mau sinal, só quer dizer que você se conectou com essa onda e logo se desconectará dela. Nunca fique presa nela, tentando compreender o porquê. Deixe-a fluir e ela irá embora do jeito que veio.

Parece que podemos ter uma boa viagem ou uma viagem ruim. Isso me lembra de LSD e das histórias que ouvimos sobre essa droga.

Pode parecer engraçado ou esquisito, mas as drogas e a meditação têm o mesmo efeito: a libertação do nosso ego de nós mesmos. A libertação de nossa energia paira acima de tudo. Só que as drogas nos forçam a isso, trazendo consequências danosas ao cérebro. A meditação, ao contrário, quanto mais profunda e intensa mais grandiosidade e compreensão traz à mente, ao corpo físico e ao equilíbrio emocional.

Se a juventude aprendesse a meditar desde cedo ficaria longe de complicações e das drogas. Isso é certo?

Mais ou menos. Sabemos que jovens saudáveis mentalmente, mesmo sem meditação, não necessitam das drogas. As drogas são fugas. Pessoas de qualquer idade, jovens ou velhas, quando usam drogas fazem-no para fugir de uma realidade na qual não se enquadram, para fugir de seus limites, pois não se aceitam como são. Várias razões tornam os homens viciados, mas a mais importante delas é a falta de amor por si mesmos.

A meditação, quando praticada desde criança, vai-nos ensinando a perceber e a compreender nossos limites, a nos aceitar melhor.

Lembre-se de que somos hoje a configuração de várias vidas passadas, e na maioria das vezes não nos orgulhamos do que fomos antes. Essas lembranças não chegam ao nosso consciente, mas ficam espicaçando o subconsciente, fazendo que nossa autoestima sofra. Na meditação, como deixamos as nossas energias fluírem, libertamos esse peso do subconsciente sem perceber e, por isso, também nos beneficiamos mental e fisicamente.

É possível introduzir a meditação no tratamento dos jovens e dos viciados de hoje?

A meditação é a cura para todos os nossos males, mas não é fácil meditar quando estamos presos a vícios. Estes nos escravizam e a meditação nos liberta. Como ensinar meditação a energias presas? A pessoa precisa se libertar das drogas, ficar consciente e saudável para poder aprender a meditar, a se equilibrar e a se aceitar.

A meditação é o segundo passo para o tratamento, mas o primeiro é sem dúvida a abstinência das drogas. Uma vez conseguido isso, sim, deve-se ensinar a meditação. Lembre-se de que não será um processo fácil, pois o cérebro sob o efeito da abstinência das drogas começa a entrar em paranoia e em processos obsessivos. Portanto, o primeiro passo deverá ser acompanhar de perto essa pessoa necessitada com muito amor, dedicação e estima da família ou de amigos.

As drogas mostram a porta de entrada para outro mundo, mas não portas de saída. Só a força de vontade, unida a muita ajuda e amor, pode construir e abrir as portas de saída.

❦

Sempre que estou longe de casa, sinto saudade e angústia imensas. Penso que estou em um lugar que não me pertence e fico até com falta de ar de tanta aflição. Se eu morresse hoje, o que aconteceria comigo? Eu ficaria presa a meu lar físico?

Manter-se preso a objetos, pessoas ou animais de estimação é um grande erro com que a humanidade se ilude. Devemos nos conscientizar de que nada é eterno, estamos sempre em mudança, e objetos, pessoas ou animais não nos pertencem. Se os amamos verdadeiramente e sabemos também que eles estão crescendo e se transformando, por que seríamos nós obstáculos a eles?

Posso até compreender a ligação com pessoas e animais, e o sofrimento de pensar que eles não nos pertencem, mas se ligar a bens materiais – objetos, riquezas, casas, carros – é uma ilusão e um tremendo erro de ótica.

Se as pessoas e animais são mutáveis todo o tempo, que diremos dos objetos, que não têm sentimentos e nunca poderão nos seguir nas mudanças? Posso compreender laços de amor, de amizade, de coleguismo, que nos acompanham sempre e se modificam, mas cuja essência é a mesma. Porém, compreender laços com bens materiais é impossível, pois o tempo os destrói, arruína, e nada sobra. Tudo muda, só os sentimentos bons e elevados são perenes.

Não perca mais tempo: desprenda-se dos pensamentos materialistas e aproveite cada minuto e cada segundo dos lugares novos ou velhos que você frequenta. Aprenda a gostar e a se divertir e a transformar as energias de medo, mudança, insegurança e saudade em energias positivas, fazendo novos amigos e ajudando pessoas por onde você passar.

Existe alguma fórmula para aceitarmos melhor e mais facilmente que as pessoas e os animais de estimação não nos pertencem?

Não posso lhe ensinar nenhuma fórmula, porque onde nada existe nada se pode ensinar. Achar que as ligações que pensamos ter, que nossos filhos, cônjuges, amigos, animais de estimação nos pertencem, é uma ilusão. O que pode nos pertencer é o amor e a amizade que vamos construir nesses relacionamentos. Isso não se perderá jamais, só crescerá com o tempo e com a nossa evolução espiritual.

Se houvesse uma fórmula eu lhe daria, mas é você quem deve se conscientizar disso. Uma maneira é sempre pensar positivamente e imaginar todos aqueles que você pensa lhe pertencerem livres no espaço como lindas borboletas – e, junto deles, você voando livremente também. Mas, ao mesmo tempo, todos estão livres para ir aonde quiserem, inclusive você. Esse exercício traz para o seu lado consciente a compreensão de que todo ser é livre.

Mestre, a vida é uma ilusão? Se ela é tão passageira, por que nos preocupamos tanto?

Você fala como se já tivesse acabado de viver. A vida é uma maravilhosa oportunidade que recebemos para evoluir, aprender e ser melhores. Também é um lugar onde aprendemos a amar, a perdoar, a compreender e a ser mais humildes perante tudo. A vida é a energia mais brilhante que recebemos, como um prêmio de aprendizado.

A vida não é uma ilusão, é sim uma continuidade de tudo aquilo que somos e aprendemos. Portanto, trate de viver bem, ser feliz e agradecer cada momento desse precioso presente que lhe foi dado.

Diz-se que aquele a quem muito se dá muito lhe será pedido. É verdade?

A interpretação disso é que aquele que tem consciência do que recebe e do que faz terá de acertar contas consigo mesmo mais tarde, pois quem vai nos julgar é aquele que mais nos conhece: nós mesmos! Como esconder de nós aquilo que somos, fomos ou fizemos?

Se recebermos muito e crescermos conscientemente com tudo que recebemos, não podemos nos furtar a ajudar um irmão desfavorecido, negar lições de crescimento a alguém necessitado, evitar compreender e ter mais paciência com os outros. Se nós recebemos muito também devemos muito a outros, essa é a lei da boa vontade. Aquele que doa cresce.

Se tudo evolui, quer dizer que nós hoje somos mais evoluídos que ontem?

Sim, certamente. É só observar a natureza para compreender. De uma semente nasce uma árvore, que dá frutos; quando os frutos caem em solo fértil, suas sementes germinam e uma nova árvore nasce.

Quando morremos levamos conosco nossos conhecimentos, acertos e erros, material que fertilizará nossa próxima reencarnação, dando-nos chance de ser melhores e de cometer mais acertos do que erros. Estaremos evoluindo.

Tudo na natureza cresce, morre, renasce e caminha para evoluir. O caminho da humanidade segue esse processo.

Por que existe tanto sofrimento na Terra se temos tantas existências passadas e, como o senhor disse, estamos cada vez melhores?

Realmente vivemos várias vidas e várias experiências e ficamos mais sábios e melhores com elas, mas nem todos os seres evoluem para o bem maior. Existem aqueles que no seu grande egoísmo, com muita sagacidade e inteligência, após várias existências ainda preferem se aliar ao Mal.

Sabemos que existem duas grandes forças na natureza: a positiva e a negativa, a do Bem e a do Mal. Um dia todas se conjugarão na força do bem maior, da Luz.

A força negativa e obscura luta ainda para conseguir o mesmo grau de poder da Luz. E um grande número de pessoas em desequilíbrio mental, que se une ainda a forças poderosas afins, emite energias negativas que modificam e desequilibram a obra do Bem.

Quanto mais mentes estiverem ligadas nesse patamar, mesmo que momentaneamente, mais catástrofes acontecerão, mais sofrimento existirá na Terra, pois o progresso do planeta caminha em paralelo ao progresso espiritual das pessoas. Por isso a prece, em qualquer religião, feita com fé e amor, é uma onda positiva de energia sendo lançada que aumenta a proteção do planeta contra os ataques opostos.

Precisamos melhorar interiormente, melhorar nossos pensamentos e atitudes, e então teremos muito mais chances de aprimorar nosso planeta e diminuir o sofrimento na Terra.

Somos então responsáveis por tudo, até pelas catástrofes terrenas?

Sim, agora você entende a nossa responsabilidade, e também pode compreender melhor a grande responsabilidade que os mestres têm de transmitir a todos esse conhecimento que eles dominam. Essa é a minha missão e esse é o meu caminho.

Siga e divulgue: somos e seremos aquilo que os nossos pensamentos mandarem.

∽

Podemos reencarnar no Mal?

Nós podemos, sim.

Somos energias que se conectam com energias afins, portanto acredito que não precisamos de uma explicação muito extensa.

Isso me assusta, pois sempre achei que estávamos protegidos pela grandiosidade e pelo amor de Deus.

Pois essa é a grandiosidade de Deus, que nos dá o livre-arbítrio para podermos escolher de que lado e onde ficamos. É da lei de atração e repulsão. Só é possível reencarnar em um meio ou família para o qual a sua energia seja atraída.

E como o senhor explica histórias trágicas e verídicas de filhos que matam pais ou de pais que matam filhos?

Pela mesma lei de atração. Eles estão conectados pelos laços de ódio, raiva, inimizade, e essa é mais uma razão pela qual o sofrimento entre eles chega a níveis insuportáveis para enfim transformá-los internamente.

Quanto mais me aprofundo nos estudos, mais percebo que nada sei. Será que algum dia poderemos afirmar que somos sábios?

Meu filho, qual a importância da sua pergunta? Por que afirmar que sabe tudo ou demais? Lembre-se de que quanto mais conhecimento nós tivermos, quanto mais estudo e sabedoria adquirirmos, mais ainda teremos de aprender e maior será a nossa responsabilidade por conhecer mais e mais.

Cada aprendizado é um rubi que colocamos em nossa alma e brilhará para sempre, em qualquer situação. Continuar aprendendo é continuar a evoluir. E evolução significa melhora. Qual de nós não quer progredir?

Mestre, sempre me pergunto se é possível haver vida inteligente em outros planetas.

A sua pergunta é oportuna. Como crer que não há vida inteligente no universo além da que temos no planeta Terra? Como acreditar que somente nós, humanos terráqueos, habitaríamos o imenso universo?

Se somos energias vivas, como tudo na natureza, imagine então que existam milhares de outros planetas, que podem ter a mesma condição de vida inteligente que o nosso.

E o senhor tem algum conhecimento de intercâmbio entre eles e a Terra?

Certamente, pois como energias vivas sofremos influências de todos os tipos, inclusive de alguns deles.

Como explicar isso? Não consigo entender.

Assim como a Terra, existem vários outros planetas no mesmo nível de evolução, alguns superiores e outros inferiores. O intercâmbio entre todas as energias do universo nos ajuda a evoluir e a dar saltos de qualidade. Seríamos como mascotes diante de civilizações muito mais adiantadas.

Além do que conseguimos alcançar com nossos sentidos, existem inúmeros planos que ainda não temos a menor capacidade de ver.

Enfim, o universo é muito maior e diferente do que possamos por ora compreender. Existem vários planos físicos em diferentes vibrações, vivendo paralelamente, todos em sintonia e de forma harmônica.

Será que tudo isso não parecerá ficção científica, como a máquina do tempo ou o teletransporte?

O que posso lhe dizer de antemão é que ainda nos falta muito conhecimento e humildade para aceitarmos essa realidade. Além do mais, nada mudará na vida se acreditamos ou não, o importante é sempre fazermos o melhor que pudermos para nós e para o próximo.

Sempre pensamos em carma, como se tudo estivesse predeterminado na vida. Quer dizer que não podemos mudar nosso carma, nossos caminhos?

Carma é história. Somos a soma de várias histórias pequenas, como as peças de um quebra-cabeça que se unem e, juntas, compõem o sentido. O carma é sempre determinado por nós mesmos, por nossos atos; ao longo de tantas existências diferentes vamos juntando esses retalhos e colhendo seus benefícios ou suas falhas. Mas tudo na vida pode ser mutável, depende exclusivamente de nossa força de vontade.

Vou dar um exemplo: pessoas que ficaram paralisadas por algum acidente ou doença e depois de muito esforço conseguem viver e fazer absolutamente tudo que uma pessoa normal faz. Elas ficam o tempo inteiro se superando, e passam a viver de forma muito diferente do que viveriam se não tivessem sido ousadas e esforçadas. Eu pergunto se essas pessoas mudaram o seu carma. Reflita sobre isso.

Nós somos os escritores do nosso carma futuro e os zeladores do nosso carma presente. Depende de nós como vamos zelar por ele e também no que vamos nos transformar.

Isso é a lei de ação e reação?

Sim, tudo na natureza está sob essa mesma lei: de um simples sopro a um grande furacão. Assim, também nós estamos incluídos nisso: aquilo que vivemos e somos hoje representa a reação, uma consequência, da forma como vivemos anteriormente.

VIVER, MORRER E O DEPOIS...

Sendo assim, precisamos aceitar nossa vida e os carmas, e de nada adianta nos revoltarmos, pois nada vai mudar...

Não foi isso que eu disse. Aceitação, sim. Essa é a primeira energia positiva que devemos ter para reorganizar o futuro. Estou falando em compreender e em transformar. O carma se transforma pelas nossas mãos e pela vontade. Não se deve lutar contra, mas sim a favor, e tirar o máximo proveito de tudo que aprender. A vida é uma escola e depende de cada um de nós se ela vai ser uma escola de amor e alegria ou de dor e sofrimento. Depende unicamente de como aceitamos e de como lidamos com os fatos. Ademais, o carma se purifica através dos bons atos, da caridade sincera, da compaixão, da verdadeira compreensão de nós mesmos.

Então é possível mudar o nosso destino?

Claro que sim, pois somos seres mutáveis e, conforme o nosso crescimento interior, por nossos próprios méritos, transformamos e até mudamos completamente nosso destino.

E quando estamos tristes, como podemos mudar?

Transforme a energia da tristeza em outras energias, começando pela doação de si mesmo ao próximo. Assim se transforma tristeza em atos bons.

∽

O senhor está nos ensinando aqui a encarar a morte e a passar por esse processo sem sofrimentos e tristezas.

O que fazer se ainda não estivermos bem preparados na hora da morte?

Rezar.

Pedir ao Pai, ao santo ou a amigos espirituais que o orientem e iluminem nessa hora de transição. Isto deve minorar bastante as dificuldades e o sofrimento. E é fácil explicar por que: quando se está frente a frente com a morte, a energia de nosso corpo começa a dar sinais, e esses sinais debilitam o nosso ego ou nossa consciência, deixando-nos mais leves e livres. E, ao orarmos e elevarmos nossos pensamentos, conectamo-nos imediatamente com um mundo energético superior. Por isso, e também para tudo, reze!

Quer dizer que todas as técnicas de meditação que o senhor nos ensinou não são necessárias nessa hora?

Eu disse que rezar é 80%, completam-se 100% com saber meditar e se desprender do corpo por meio de conhecimento e equilíbrio.

O senhor gosta de frisar que a meditação é a cura para todos os males. Inclusive para as doenças?

Diz um provérbio: "Mens sana in corpore sano", mas nem todos os males e doenças vêm da mente. Além disso, alguns são cármicos e por eles temos de passar, mas em todos os casos a meditação traz equilíbrio, tranquilidade, conforto, confiança e paz.

Como ajudar amigos ou familiares que têm doenças graves?

Sugiro que ensine, que fale a eles sobre a arte de meditar e a arte de orar. A combinação de meditação e oração é um re-

médio simples, fácil e eficiente. Pode não curar, mas de fato ajuda muitíssimo a se aproximar da cura, até em casos graves.

E é possível encontrar a cura mesmo para doenças cármicas?
Tudo na natureza é evolução e transformação, e sabemos que milagres acontecem.

Mas como começou tudo isso, Mestre? É verdade que o homem vivia no Paraíso e, incentivado pelo Mal, conheceu as fraquezas humanas e nelas se perdeu? É por isso que temos de resgatar nosso carma?
Essa é sem dúvida uma metáfora e uma visão simplista de onde e por quê surgiram os homens encarnados. A verdadeira história é aquela que remonta à hora da criação do universo. Tudo era escuro e a luz se fez. Assim somos nós, nascemos energia mais escura e vamo-nos iluminando passo a passo, dia após dia, à procura da luz pura.

O universo está sempre crescendo.

Será que não existe uma explicação mais simples sobre por que reencarnamos e de onde viemos?
Sabemos que em determinado momento a luz se fez no meio das trevas e sua energia tornou-se cada vez maior, iluminando tudo. E todas as outras energias que existiam começaram a se transformar, separando-se em blocos ainda escuros e pesados, que chamamos de matéria, e em outros, leves e livres, que chamamos de energia pura.

Para transformar os blocos escuros, precisou-se juntar a eles a energia livre e leve, fazendo que todos os princípios se intercalassem e comutassem a mesma vibração.

Daí nasceram as estrelas, o universo e todos os seres animados e inanimados.

Depois de grandes transformações e milhares de anos surgiu na Terra o homem como hoje o conhecemos, fruto da união entre a matéria e a energia pensante. Para que ele se transforme em energia una terá de trilhar um longo caminho de purificação. E é por isso que ele reencarna. Até que consiga transformar a sua matéria em energia iluminada e pura.

Mestre, quanto mais penso sobre isso menos compreendo.

Pense menos sobre isso e mais em como ser mais dócil, iluminado, bondoso, amigo. A nossa condição mental ainda não nos permite alcançar essa compreensão, especialmente quem tem apego à matéria e a coloca em primeiro lugar. Quando o homem conseguir se libertar do aprisionamento que o corpo físico representa e tiver mais consciência, então ele terá mais condição de tentar compreender.

⁶⁄⁹

Eu gostaria de saber se quando morremos nós nos encontramos com entes queridos.

Realmente para vocês a morte é uma grande incógnita, as pessoas não têm o menor conhecimento do que acontecerá. Vamos relembrar que somos energia e nos conectamos sempre com energias afins, estejamos nós vivos ou mortos, ou seja, no estado material ou no estado espiritual. Então, quando nos tornamos estado só espiritual e temos dentro de nós todas as lembranças, os carinhos e os amores por pessoas que já se foram, automaticamente nos conectamos a elas e a outras energias. Portanto, não tema: você vai rever seus entes queridos, pois como existem laços de amor você os conectará.

E como é esse encontro? Teremos forma para nos abraçar? Como vamos reconhecê-los?

O sentimento puro, sem o corpo material, é muito mais eficaz e profundo e também mais prazeroso. Daí um abraço, um carinho, um encontro serem muito mais gratificantes do que antes, pois sem matéria física os nossos sentimentos crescem exponencialmente.

E não tema, nem pense num corpo no qual você identifique os seus parentes, pois a mente tem uma visão muito mais aguçada e real do que aquela que a prisão física lhe impõe. E a forma que adquirimos em espírito é aquela que nossos pensamentos e lembranças emitem. Não se preocupe com isso. Você os encontrará e os reconhecerá.

E se eles já tiverem reencarnado?

Virão ao seu encontro também, pelo desprendimento através do sono. O processo de sintonia dos laços entre vocês os guiará para o reencontro.

Aqueles dos quais você não se recorda mas aos quais esteve ligado em vidas passadas também estarão lhe esperando, e você os reconhecerá com alegria.

No entanto, temporariamente você não verá o ente querido que se encontra ainda em más condições energéticas, sofrendo as consequências dos seus graves descaminhos na vida. Mas é tudo uma questão de tempo – e aqui o tempo passa depressa.

Realmente, Mestre, são até engraçadas as nossas dúvidas sobre o que nos acontecerá depois. Existem muitos livros, histórias e religiões que falam sobre o depois da morte, mas ainda estamos tão ligados à matéria física que não conseguimos aceitar as explicações nem acreditar nelas. Desculpe lhe pedir isso, mas existe alguma certeza de que isso é verdade?

Pense na natureza, veja o amanhecer e sua grandiosidade. Agora pense na escuridão e lembre-se de que o homem conseguiu a luz pela eletricidade. Por acaso você vê o caminho para a eletricidade se transformar em luz? No entanto, todos os dias, em vários lugares, alguém usa a energia elétrica, mesmo sem vê-la nem senti-la. E a energia elétrica continua lá mesmo que ninguém acenda a luz.

Assim acontece conosco diante da morte.

Mesmo que a morte chegue e nos transforme em espíritos, continuaremos sendo energia. E se isso lhe parece irreal, lembre-se de que não estamos ainda totalmente preparados para esse intercâmbio entre vivos e mortos. Mas existem algumas pessoas, médiuns, bruxos, gurus, que se conectam e se relacionam com pessoas mortas.

Existe sofrimento após a morte?

Isso só dependerá de seu aprendizado em vida. Continuamos a ser exatamente as mesmas pessoas que éramos, só que sem o corpo físico e sem o véu que nos encobria os pensamentos. Então, se éramos sofredores, maldosos, negativos, ficaremos nesse mesmo grau de sofrimento até que decidamos nos modificar. Isso me lembra de um drogado ou alcoólatra – enquanto ele não se convence a

VIVER, MORRER E O DEPOIS...

si mesmo de que precisa de ajuda, ninguém conseguirá modificá-lo.

Se os homens nasceram ou foram criados para a bondade e para o amor, por que parece que cada vez mais estamos longe disso?

A negatividade desse seu pensamento já afasta de você todas as coisas boas, as pessoas excepcionais e tudo mais de positivo que está à sua volta e você não vê. Só para começar, posso lhe falar do nosso intercâmbio: embora seja de uma forma bem limitada e simples, estamos juntos trabalhando para iluminar, alegrar e consolar as pessoas que um dia poderão ler e compreender nossa conversa.

Então o senhor quer dizer que, ao mesmo tempo que há toda essa maldade e egoísmo na Terra, existem movimentos maravilhosos para engrandecê-la?

Sim, meu caro, cabe a você observá-los e crescer com eles.

Mas na maioria das vezes isso nos parece impossível, pois, só como exemplo, caminhamos pelas ruas pobres de um país subdesenvolvido e vemos sujeira, doenças e perigos a cada passo.

Eu nunca disse que o negativo tinha deixado a Terra, mas peço que também vá visitar países desenvolvidos nos quais se procura dar boas condições aos seus cidadãos.

O que quero lhe dizer é que tudo na vida tem dois lados. Não é que eu queira que você feche os olhos às coisas ruins, só desejo que perceba que coisas boas acontecem todos os dias, a todo momento, e que nos esquecemos também de dar o devido valor a isso.

Vendo apenas os aspectos positivos do mundo, podemos melhorar a sociedade? E podemos nos melhorar também?

Não estou dizendo para você não olhar o lado ruim, estou dizendo: aprenda e tire o maior proveito das lições de tudo aquilo que vê e ponha em prática tudo de bom que você pode fazer. Assim, sem dúvida melhoraremos o mundo e a nós também.

Mas somos menores que uma formiguinha... Em que isso ajudará?

Uma formiga sozinha não constrói nada, mas muitas constroem formigueiros e sociedades. Com a mente pura e a vontade de ajudar o próximo, saia e procure pessoas que compartilhem sua ideia. Você verá que esse círculo começará a aumentar e aumentar, até que um dia esse conjunto possa fazer diferença. Se você nunca fizer nada, as chances de mudar a sociedade ficarão totalmente anuladas.

Enfim, Mestre, o que o senhor quer dizer é que sigamos e coloquemos em prática nossas crenças, não ficando de mãos atadas. É isso?

Sim, trabalhe sempre, procurando divulgar seu aprendizado e também crescer interiormente enquanto faz isso. As pessoas no mundo estão carentes de conhecer o sentido da vida, de aumentar sua fé, suas crenças, de melhorar. Qualquer ajuda mínima é uma grande ajuda.

Estamos sempre preocupados com o que será de nós após a morte, mas o senhor não acha que é mais importante falarmos sobre a vida?

A vida é a passagem para a morte, é o caminho não é o destino final, por isso preocupar-se em aprender sobre a morte é de grande importância. Mas vamos falar da vida. As pessoas geralmente pensam que a vida está pré-traçada e isso é um erro grande. A vida está carregada de sinais cármicos que devemos superar com amor e fé. Esses sinais vêm conosco ao nascermos e morrem conosco ao morrermos. Eles são flexíveis e maleáveis e podem ser sempre superados. Viver é superar limites.

É possível uma pessoa má se transformar de um dia para outro em uma pessoa boa?

Sim, vemos essas mudanças todos os dias, e elas acontecem quando as pessoas percebem seu erro e são tocadas no âmago por uma sensação especial. Sensação essa que lhes traz à mente sentimentos de renovação, boa vontade e alegria. Parece até que um anjo bom tocou essa pessoa no fundo de seu coração. É como se ela acordasse de algum pesadelo e enxergasse daí para a frente um mundo novo, renovado. Para nossa grande alegria, isso acontece.

Por que às vezes nos acontece uma série de coisas ruins, uma depois da outra? Como sair desse labirinto?

A vida cresce em ondas, e crescemos junto com ela da mesma maneira, por isso parece que toda negatividade nos chega de uma vez. A verdade é que, com a energia crescendo em ondas e você conectado na parte baixa dela, é preciso ter paciência e fé até que o cenário mude novamente. É como pegar onda na praia. Passamos um tempo sossegados esperando por elas, depois nos levantamos e pegamos a onda no seu esplendor, até que a sua energia cai novamente, derrubando-nos no raso. Às vezes, se não tivermos cuidado, nos esfolamos na areia, no rasinho da praia. A vida é assim, segue como um oceano, com ondas leves, marolas e às vezes tempestades. O importante é saber que mesmo as ondas grandes e barulhentas se acalmam.

Como melhorar nossa energia para não cair na negatividade e para nos fortalecer nessa hora?

Devemos ter sempre em mente que a vida é transformação e que, mesmo quando a situação parece horrível, existe um sentido e uma lição a aprender e superar. A regra é sempre a mesma: muita fé, oração, meditação e paciência.

Tenho procurado seguir seus ensinamentos, mas ultimamente não consigo controlar minha impaciência e sinto uma raiva imensa diante de uma pessoa que sou obrigado a aguentar e tem me exasperado com sua extrema futilidade. Fico a ponto de estourar. Que fazer?

Já ao me pedir orientação você mesmo demonstra que percebeu quanto seu comportamento é inadequado diante dos ensinamentos que tem recebido aqui. O que posso dizer para ajudá-lo é que você medite sobre as seguintes palavras, uma a uma, e nesta mesma sequência: PACIÊNCIA, SENSIBILIDADE, BENEVOLÊNCIA, RESPEITO HUMANO, AMOR AO PRÓXIMO E AMOR POR SI MESMO.

Não medite apenas sobre uma ou outra palavra, mas sobre o conjunto todo. Você então verá que o resultado dessa meditação vai modificar esses seus sentimentos, lhe permitirá compreender melhor por que deve mudá-los e, principalmente, o fará perceber alguns sentimentos que podem estar faltando em você.

Em sua opinião, qual é a maior virtude do ser humano?

Para mim, é sem dúvida o seu coração, sua bondade e a forma como ele transforma negativo em positivo. É a virtude de estar sempre crescendo.

Mas como o senhor definiria pessoas más, assassinos, torturadores, todo tipo de ser humano que nem deveria se chamar humano?

A bondade de nosso Pai é tão infinita que aceita até pessoas assim como seus filhos, esperando pacientemente que elas se transformem.

Podemos pensar em coisas negativas ou se pensarmos nelas nós as atrairemos?

Pensamento é criação. Ainda não temos ideia das formas vivas de pensamento que criamos. Mas se isso existe, e se conectamos a nossa energia com a do espaço afim, por que pensarmos no negativo?

❧

Vivo num país muito pobre. Lá existe uma grande diferença entre pobres e ricos. Quando se anda pelas ruas o que se vê é miséria, doenças, crianças perdidas e, no mesmo cenário, mansões, palácios, riquezas absurdas. Com toda essa discrepância, como acreditar que o homem é digno da confiança de Deus?

É vendo todas essas discrepâncias que admitimos que o homem é filho de Deus, pois Ele o deixa fazer o que quiser e aceita até suas extravagâncias.

Quer dizer que tudo isso faz parte do nosso crescimento?

Sim, temos o livre-arbítrio e o carma que nos acompanha, e temos também todo o tempo do mundo para aprender. Se não aprendemos hoje, amanhã a lição se repete e assim vamos aprendendo.

O que acontece a alguém que não tem amor no coração, só maldade, e passa várias vidas sem mudar? Ele volta à Terra sempre do mesmo jeito?

Embora não pareça, o ser humano evolui a cada reencarnação, e aqueles que estão presos a maldades vêm carregando no seu carma todo o peso energético de suas más obras. Por isso, chegam até a nascer prisioneiros do corpo e de seus sentimentos.

Mas o Pai é bondade e paciência infinitas, e depende só de nós o tempo que vamos levar para nos aproximar mais Dele.

Não é todos os dias que conseguimos nos conectar com o mundo superior; às vezes ficamos desolados e com raiva. Isso é normal?

Se você mora numa cidade grande com trânsito impossível, pessoas nervosas na rua, barulho, poluição, isso pa-

rece normal. É só olhar pela janela e você verá. Mas isso é certo? Claro que não, se você vive num lugar assim deve, mais que os outros, meditar e se orientar melhor, procurar saber o que fazer para não se abalar tanto. Pode, por exemplo, melhorar sua alimentação para manter menos energia pesada no corpo físico, já que grande parte dessa energia deveria ser usada para enfrentar esses momentos difíceis do seu dia a dia agitado.

A alimentação influi, então, em nossos pensamentos e atitudes?

A alimentação é a base do ser humano. Sem ela não viveríamos materialmente. Com alimentos energéticos como verduras e frutas, ficamos bem alimentados e energizados. Quando nos alimentamos de carne animal, consumimos todos os hormônios do medo e da revolta que o animal libera no corpo antes de morrer, e é claro que essas energias interferem nas nossas.

Quem quiser meditar melhor, conectar-se com o mundo espiritual e melhorar sua energia interior deve livrar o corpo dessas toxinas que dificultam a digestão e não deixam a mente se elevar. Portanto, precisa tirar de sua alimentação a carne animal.

É claro que isso é de seu livre e total arbítrio.

E com relação a bebidas alcoólicas e drogas?

A bebida alcoólica, se consumida com moderação, não traz maiores problemas ao organismo, mas as drogas e a bebida em excesso tiram o equilíbrio da pessoa e a expõem às energias negativas e obscuras que também habitam nosso planeta. É por isso que podemos facilmente nos transformar em alcoólatras ou em viciados em drogas.

Porque o senhor sempre nos manda meditar ao amanhecer e ao entardecer?

Isso tem relação com a energia do planeta. Quando o sol nasce e transforma vagarosamente a escuridão em luz, e quando o inverso ocorre no entardecer, são esses os momentos de maior poder energético da Terra. E como meditação tem a ver com a nossa energia contida que necessita ser liberada, é mais fácil e mais eficaz meditar nessas horas.

∽

O que o senhor me diz sobre a velhice? Por que precisamos ficar velhos, doentes e até senis para evoluirmos?

Nem todos precisamos ficar velhos, nem todos os velhos precisam ficar doentes e senis. O que ocorre é que nascer, envelhecer e morrer são processos naturais e necessários ao nosso equilíbrio. As doenças ocorrerão devido ao nosso meio ou método de viver, em função do que comemos, do quanto nos preocupamos, e também podem ter causas cármicas. Independentemente da causa, o efeito é sempre bom. Ensina-nos humildade e respeito aos nossos limites.

Será que se evoluirmos, melhorarmos e nos prepararmos a velhice será melhor?

Acredito que sim, pois aquele que se prepara evolui. Quanto às doenças cármicas, aquele que se prepara compreendendo o porquê das coisas e aceitando as adversidades da velhice vive e envelhece mais feliz.

Por que o tempo está passando tão depressa?

O tempo está passando mais depressa por causa do volume de informações que chegam até as pessoas sem cessar, fazendo que o cérebro não consiga sossegar ou descansar. Quanto mais impulsos externos você receber, mais depressa o seu tempo passará. Para que o tempo lhe dê mais tempo, volte-se para seu interior, deixe de lado essa loucura das informações, busque lá dentro a calma que equilibra esses impulsos externos.

E lhe digo, mais uma vez, que é necessário meditar para que você seja dono de sua calma e do seu equilíbrio interior. E que você tem todo o tempo do mundo para conseguir, não importa quanto o tempo corra.

Existe uma única verdade?

Todos temos gravada, no âmago de nossa alma, a verdade única que é o objetivo último de nossa existência: caminhar ao encontro da Luz Suprema do Amor Total.

É o livre-arbítrio que nos leva a tomar as decisões que vão nos aproximar ou nos afastar dessa Luz que nos atrai. São as nossas escolhas que vão determinar o tempo desse trajeto, quantas vidas teremos de percorrer para conseguir atingir a nossa finalidade essencial: o Amor Absoluto, a pura energia de luz na qual nos unificaremos.

Parte 2

Temas para reflexão

O MESTRE NOS PROPÔS outro exercício, um complemento ao nosso aprendizado. Ele sugeria algumas palavras sobre as quais deveríamos nos concentrar e meditar. Em seguida, lhe dirigíamos perguntas sobre o significado real de cada uma dessas palavras e ele nos esclarecia a respeito.

São palavras, ou conjuntos delas, que usamos corriqueiramente em nosso dia a dia. Por meio delas ele nos fez perceber a importância de questões muitas vezes cruciais que nunca haviam merecido nossa reflexão.

Foi uma grande oportunidade para notar quantas coisas deixamos passar sem entendê-las de fato. Compreender melhor o mundo à nossa volta possibilita que nos comuniquemos melhor com as pessoas. Pode mudar nosso comportamento, explicar problemas que enfrentamos sem saber por que. E, indiscutivelmente, fortalece nosso mundo interior.

Por isso, reproduzimos algumas palavras sugeridas pelo Mestre – que, com seus ensinamentos, mostrou-nos até que ponto um olhar mais profundo sobre tudo que nos cerca, das pequenas coisas aos grandes dilemas, pode nos levar ao caminho do crescimento espiritual.

PROSPERIDADE

Ao pensar sobre prosperidade, eu me pergunto se é errado querer prosperar financeiramente.

A palavra prosperar já diz tudo: é avançar, ir em frente. É algo positivo e deve sempre ser uma meta a alcançar. Prosperar não significa fazê-lo apenas materialmente, pois seria este seu sentido menor; prosperar é superar os próprios limites e evoluir.

Mas se prosperamos materialmente não corremos o risco de ficar mais presos à matéria?

Isso só dependerá de seu estado espiritual. Ser rico ou pobre não é o que fará você ficar preso à matéria. O que fará diferença é a sua evolução interior.

Então o senhor não faz nenhuma crítica ao homem rico?

Como poderia fazê-lo se ele conseguir essa riqueza pelos próprios méritos? Ademais, riqueza também significa responsabilidade. Responsabilidade para com o seu empregado, para com o necessitado, para com a família e muitas mais.

É verdade que é mais fácil um pobre entrar no reino dos céus?

Só se for em matéria de tentações, pois um rico certamente tem mais tempo ocioso e mais condição financeira para ter tentações e não resistir a elas. Mas o pobre e o rico têm, energeticamente, a mesma oportunidade, por isso ignorante é aquele que avalia uma pessoa pelas suas posses materiais.

Quando o senhor falou em prosperidade e nos disse que a aula de hoje seria sobre esse assunto, aonde o senhor queria chegar?

Queria que vocês meditassem sobre esse tema e percebessem a essência dessa palavra. Mas vocês logo associaram prosperidade a riquezas materiais, o que não deveria ter acontecido, pois riquezas materiais só servem se forem bem aproveitadas, e não é sempre que o rico sabe fazê-lo.

ENERGIA

Mestre, por acaso existem lugares na Terra onde a energia é melhor?

Claro. Nos lugares altos e abertos onde a vegetação pode ser vista de cima, lá existe maior energia. A explicação é simples: é porque a Terra, pela sua energia magnética, atrai com mais força o que estiver perto dela, deixando-nos mais ligados à sua energia terrena e menos ligados à energia espacial, criativa e livre. Por isso você pode observar que os mosteiros, onde se prega meditação, geralmente ficam em lugares altos, nas montanhas.

Ouvi dizer que o mar é dotado de uma energia enorme. É um bom lugar também?

Sim, mas são energias diferentes.

No mar e na praia existe uma energia pura de cura, pois o oceano contém grande quantidade de iodo. Aconselho sempre as pessoas doentes a entrar no mar e passear descalças pela areia.

Mas o mar não é um lugar tão adequado à meditação quanto as montanhas. São espaços de muita energia, mas com finalidades diferentes.

Quer dizer que existem na Terra vários tipos de energia de que necessitamos?

É claro, e sempre se diz isso. Já comentamos sobre a energia de cura das plantas, se bem administradas. Uma floresta ou um simples canteiro vivo podem fornecer a cura para vários tipos de mal. Não sou eu que digo isso, a farmacopeia está aí para provar.

A energia do fogo é benéfica?

Todas as energias são benéficas e necessárias para o equilíbrio da natureza. Tenho certeza de que você, ao comer um prato de carne, fica feliz em saber que está cozida – que passou pelo poder benéfico do fogo. Quando você acende a lareira para se aquecer no inverno, está se beneficiando da mesma energia que vem do fogo. Toda a criação e toda a natureza estão em harmonia, e ambas podem ser usufruídas por nós. Devemos nos conscientizar da necessidade de não transgredir essa harmonia.

Isso me faz pensar que o homem se preocupa menos do que deveria com o equilíbrio da natureza. Qual a consequência disso?

Como já expliquei, a um simples ato errado que transgrida esse equilíbrio corresponde uma reação. E aquele que quebra a harmonia da natureza detém em si a energia desequilibrada de seu feito, o que pode lhe ocasionar, muitas vezes, males físicos ou outras perturbações.

E, na natureza, agressões demasiadas à sua energia podem resultar em muitas das verdadeiras catástrofes que os homens têm presenciado.

INTENSIDADE

O senhor pediu que nos concentrássemos na palavra intensidade. Isso quer dizer equilíbrio?

Intensidade é uma palavra de significado complexo, mas me refiro à intensidade como a força com que graduamos nossas vontades. E o equilíbrio é a balança dessa força. Devemos sempre procurar o equilíbrio, reagindo com a intensidade certa perante os fatos, sem nos abalar desnecessariamente com fatos fúteis. E mesmo perante fatos importantes, procurarmos a intensidade certa dos pensamentos, da alegria e do sofrimento com a dor.

Isto se refere também a nossas fraquezas, como a gula, a inveja, a luxúria, a cobiça, a preguiça?

Sim, intensidade abrange tudo na vida e temos de usá-la sempre com cuidado e sabedoria. Como eu disse antes, intensidade na alegria de viver e progredir é algo maravilhoso e inspirador. Mas intensidade em desregramentos como raiva, inveja, ciúme, ganância, preguiça, gula e luxúria é um verdadeiro veneno para nosso equilíbrio.

Quer dizer que as palavras podem abranger vários significados, e que devemos saber usá-los sempre de forma equilibrada?

Sim, o equilíbrio em tudo é a nossa procura. Devemos buscar com intensidade o equilíbrio em nós e em todas as coisas que nos cercam. E viver com intensidade e alegria a dádiva do pensamento, do esquecimento, enfim, do novo ciclo de nossa vida atual.

E quanto à intensidade de fatos alheios à nossa vontade e ao nosso controle, como guerras, catástrofes, doenças?

Quando eu disse intensidade na alegria de viver estavam incluídas todas as outras palavras, pois apesar das dificuldades – algumas delas alheias à nossa vontade – precisamos ser intensos e esperançosos em viver e prosperar.

Interessante, Mestre, como uma simples palavra engloba a representação da nossa felicidade.

Mais ou menos, o que realmente engloba tudo é o AMOR. Intensidade é só parte do ensinamento para que por meio dela possamos encontrar alegrias e amor em tudo.

SACIEDADE

O que leva as pessoas a ficar saciadas da vida?

A saciedade é um mal enorme que aflige a humanidade, pela total falta de perspectiva e amor que as pessoas sentem. Com o aumento na velocidade das comunicações, todas as informações negativas chegam rapidamente de vários lugares e o tempo inteiro. O homem ainda não está preparado para processar tantas informações em tão pouco tempo, e esse acúmulo de energias negativas tira a esperança daqueles que não têm fé nem religiosidade, expondo-os ao fastio da vida.

E o que o senhor sugere para combatermos esse mal, já que a era das comunicações está cada vez mais veloz e mais cristalizada?

Grandes antídotos para tudo isso são a meditação e a religiosidade.

Uma pessoa que medita fica fora do eixo veloz das comunicações pelo menos nessa hora. Assim, ela terá mais equilíbrio e energia positiva para combater as más notícias – e para ficar menos exposta a elas.

Na religiosidade, quando a pessoa reza e eleva os pensamentos, conecta-se à mesma energia positiva que a da meditação.

E como prevenir os jovens contra a exposição exagerada aos meios eletrônicos de comunicação?

Eu os ensinaria a amar a natureza e a compreender que um passeio por campos, jardins, montanhas, praias e lagos, vale mil vezes mais que um jogo ou uma conversa pelo computador.

Eu os ensinaria a brincar mais com seus colegas e a interagir mais na escola, em teatros, igrejas etc. Ensinaria que tudo é passageiro, apenas os valores reais como amor, amizade e conhecimento não o são.

Ensinaria que a vida passa rapidamente e ao longo dela teremos várias notícias boas e ruins, mas de todas elas devemos aprender uma lição de fé e amor em tudo que fazemos, criamos e pensamos. Eu os ensinaria a sorrir mais. E a ter certeza de que o amanhã será sempre melhor.

Como ajudar uma pessoa que está saciada da vida?

Procure conversar com ela num pôr-do-sol e mostre-lhe que a Terra e a sua energia se renovam a cada dia. Diga a ela que reserve parte do tempo para ficar meditando sobre o que acha certo e o que acha errado. E que escreva num papel, de um lado, o que encontrou de positivo, do outro, o negativo, anotando a que conclusões chegou e como poderá melhorar. Lembre-a de que a vida é muito breve para se

VIVER, MORRER E O DEPOIS...

saciar tão cedo, e ore com ela, ou por ela, com muito amor e fé no coração. Sem dúvida e de alguma forma você vai ajudá-la assim.

Se pudéssemos pedir alguma coisa ao Pai, o que acha que deveríamos pedir?

Cada qual tem suas aspirações e sonhos, mas posso lhe adiantar que o que eu pediria, e o que sempre peço, é maior compreensão entre os homens e paz na Terra.

Pode acontecer a saciedade na vida espiritual?

No estado espiritual somos os mesmos que éramos no corpo material, com a diferença de que não somos mais matéria, apenas energia. Então por que achar que os espíritos não se saciam das coisas, que não se aborrecem?

E aqui os espíritos saciados ao extremo não têm nenhuma alternativa a não ser se modificar. É assim que eles se transformam.

O senhor nos ensinou que as doenças expurgam da nossa alma as toxinas e os componentes maléficos que trouxemos de vidas passadas, e que assim nos purificamos. Isso tem algo a ver com saciedade da dor?

Acho que a palavra saciedade, na expressão "saciedade da dor" não é adequada. A que devemos usar é "esgotamento": ficamos esgotados, amargurados com tanto sofrimento físico, tanta dor. Mas é necessário aceitar a doença, o sofrimento que ela traz, pois essa conformidade nos ensina a ser mais humildes e cordatos diante da vontade divina, sem raiva nem luta. Essa mudança transforma e expurga as forças negativas de nosso corpo, como o remédio que traz a cura e o alívio para as doenças.

No dia em que o homem se conscientizar de que as doenças cármicas são os remédios tão necessários para a sua cura, as doenças serão encaradas por todos com menos sofrimento.

As doenças são filtros para purificar a alma.

Então saciedade nem sempre é só negatividade?

Saciedade é quando chegamos ao nosso limite, e isso vai provocar mudanças em nós. Quando o homem se sacia das coisas ele se modifica.

Parece-me que a situação do homem que se sacia da vida e se suicida é diferente dessa visão da saciedade como transformadora do homem no sentido do bem...

Sim, tudo tem sempre dois lados. No caso a que você se refere, estudamos a saciedade como negativa. Em tudo, e sempre, temos os famosos dois lados da moeda. Por exemplo: quando ficamos doentes sofremos, e isso nos parece um mal, mas é uma saciedade positiva: traz a transformação e a purificação necessárias ao espírito.

Isso quer dizer que quando o homem evoluir ele não terá mais doenças?

Sem dúvida. Quando ele aprender a respeitar a si mesmo, aos outros e a tudo que o rodeia, a natureza entrará em equilíbrio e cessarão as doenças e as catástrofes transformadoras.

SOFRIMENTO

Quando um familiar nosso está doente, a família inteira padece. Por quê?

A dor, meu filho, seja ela física ou psíquica, é o instrumento de união e transformação das pessoas. Nessas horas de dor, a família se une mais e você descobre sentimentos dentro de si que antes não era capaz de sentir. Quanto ao sofrimento do doente, ele é minimizado pelo amor dos familiares queridos que o rodeiam.

Como ajudar alguém que está sofrendo física ou psicologicamente?

É preciso orar por essa pessoa, incluí-la em nossas preces e preocupações. Também não podemos nos esquecer de enviar energias positivas a ela nessa hora de dificuldade. Um exercício que recomendo é aquele em que, depois de rezar e meditar, você pensa nessa pessoa, colocando-a em um lugar bem alto e iluminado, onde uma luz branca e brilhante penetra o corpo dela, trazendo-lhe alegria e bem-estar. Com esse simples exercício, você estará enviando a ela energias positivas e, ao mesmo tempo, pedindo ao mundo invisível superior que ajude essa pessoa necessitada.

E isso realmente existe?

Se nós somos energia, por que não enviarmos mais energia a quem necessita? E depois, se você está me fazendo todas essas perguntas e estou respondendo a elas, uma a uma, é porque existo. Se eu existo e ninguém, a não ser vocês em nossos encontros e mais alguns outros, pode me ver, é porque já não estou materialmente igual a você: hoje sou energia. E se procuro instruir e ajudar a minimizar a dor dos desconhecidos é porque não sou uma má energia. Certo?

Então, se essas coisas existem, por que não pedir uma ajudazinha ou uma grande ajuda? Não seria falta de humildade sua crer que vocês são onipotentes e que nada mais tem sentido senão a vida momentânea?

É verdade, Mestre, mas sempre nos faltam fé e compreensão.

A falta de compreensão eu posso entender, mas a falta de fé, com tudo isso que tem acontecido diante de seus olhos, não é possível! Receba esses ensinamentos como uma pequena luz que ilumina um pouco as trevas. E alegre-se sempre, pois não existe maior virtude em uma pessoa do que a de acreditar e de ter fé em algo bem maior do que ela. Mantenha-se aberto a ensinamentos e novos acontecimentos, pois estamos sempre evoluindo e aprendendo para sermos pessoas melhores.

BENEVOLÊNCIA

Todas as pessoas nascem boas e benevolentes?

Eu sinceramente gostaria de dizer que sim, mas não é isso que acontece. As pessoas renascem com o esquecimento, mas têm dentro de si, como no seu DNA, o histórico de vidas passadas. Nem todos fomos bons no passado, mas todos seremos um pouco melhores depois.

Qual é a grande importância da benevolência?

Só através da benevolência o homem se engrandece e aprende a se doar mais e a ser mais amigável, menos egoísta, menos interesseiro. Por esse caminho ele começa a perceber que somos imperfeitos e necessitamos da ajuda e das mãos de todos para sermos melhores.

Em outra lição o senhor explicou que, pela caridade, recebemos energias positivas que se somam às energias positivas de nossa boa vontade, e que isso faz crescer exponencialmente dentro de nós essa energia boa. Então, por que é impossível, para algumas pessoas, se doar, ser caridoso?

Porque depende do grau de evolução e da boa vontade de cada um de nós. Como já dissemos, existem pessoas que vêm conectadas a energias escuras e têm um único intuito: progredir sozinhas e dominar o próximo. Para essas pessoas chegará o dia em que, através de várias encarnações e muito sofrimento e solidão, elas decidirão mudar. Aí sim vão aprender que dar é mais belo e feliz do que ter sem repartir.

Como desenvolver a benevolência em nós mesmos e nos outros?

A benevolência é um estado de alma que se conquista com vontade e esforço próprios. E, sem dúvida, aprendendo a nos conhecer melhor automaticamente aprendemos a ser mais benevolentes. E o caminho para isso é o de sempre: pela meditação e pela oração.

Ninguém nasce benevolente, mas aprende a sê-lo.

Como ser benevolentes no dia a dia?

Com uma simples brincadeira. Conscientize-se de que você precisa fazer, todos os dias, no mínimo uma boa ação ao próximo. E anote num caderno o dia e a hora em que você praticou tal ação e o que fez. Depois de algum tempo, ajudar ao próximo terá se tornado um feliz hábito e você estará mais leve e realizado.

AMOR

Quando ouço a palavra "amor", a primeira coisa que me vem à mente é a lembrança de mãe. Acredito que, se temos de aprender a amar, devemos ser mães em alguma vida. Estou certo, Mestre?

É interessante essa conexão que você estabeleceu entre as palavras "amor" e "mãe". Realmente, mãe é aquela que desde o início doa um pedaço de si para a criação de um novo ser que será seu filho. Depois o amamenta com seu leite, alimentando esse filho e acolhendo-o em seus braços. Acredito também que, de todos os ensinamentos, o da criação de um filho deve ser o mais sublime. No entanto, não podemos nos esquecer daquelas mães que, por não estarem ainda preparadas para o amor, cometem atrocidades contra os filhos. Portanto, amar tem uma significação maior do que a do amor de mãe. Amar ultrapassa o tempo, as reencarnações, a dor, o sofrimento, transpassa absolutamente tudo. E é totalmente perene.

É difícil para nós imaginar a perenidade do amor... Ele, por si só, é uma energia viva?

Tudo é energia, até nosso menor pensamento transforma-se em energia viva. A diferença é que quando amamos parecemos andar sobre nuvens. Ficamos mais felizes, mais leves, e isso se explica energeticamente. É que o amor é a energia mais pura e brilhante que existe. E é por isso que lutamos bravamente contra nossas sombras para alcançá-lo.

E como despertar dentro de nós o verdadeiro amor?

Por meio da caridade e da compaixão.

Se o homem nasceu para amar, por que existe tanta maldade, que inclusive parece aumentar cada vez mais?

Primeiro, a maldade não está aumentando, o que está acontecendo é que nos chegam mais informações a todo momento. Antes ela também existia, só que não chegava aos nossos ouvidos. Você acha que notícias boas rendem manchetes?

Segundo, o homem nasceu para ser bom, mas certos acontecimentos o tiraram momentaneamente do caminho. Mas quando ele se conectar com a energia de amor puro ele se contagiará e se transformará. Isso costuma ocorrer quando convivemos com pessoas especiais, cheias de amor pra dar.

Se nós atingirmos o amor completo, não mais reencarnaremos?

Quando o homem chegar a amar o próximo e for capaz de fazer tudo pelo outro ele se transformará em luz e se unirá a energias iguais às suas. Ele continuará ajudando aqueles que ainda não chegaram a esse patamar e trabalhará incessantemente para o bem-estar da humanidade.

FORTUNA

O senhor nos pede para meditarmos sobre a palavra "fortuna", mas ela pode ter vários significados: muito dinheiro, vida rica em alegrias e realizações, sorte. A qual desses significados o senhor se refere?

Eu me refiro a todos os significados que a palavra lhe sugere, perante os ensinamentos dos mestres: à fortuna que temos em nossas mãos; à fortuna que é a nova chance de viver e progredir; à fortuna que equivale a grandes conquistas; e também à fortuna de alcançar o amor.

Gostaria de saber o que o senhor acha da fortuna que vem na forma de dinheiro.

Ha muitas formas de ficar rico: honestamente, com trabalho árduo; desonestamente, com pouco trabalho; com ambição exagerada; de forma despudorada etc. Mas, independentemente da maneira como a fortuna foi conquistada, uma lição deve ser aprendida: a de que ela é passageira, a traça rói, o larápio rouba. Aquele que alcança a fortuna material ou a recebe de herança deve ter isso em mente e saber aproveitá-la, dirigindo a roda da sua prosperidade.

E aqueles que ficam cegos pela fortuna e até fazem coisas horríveis para ficar com ela?

Devemos orar por eles e ser benevolentes, pois o seu despertar será árduo e sofrido. Ninguém pode se iludir com a riqueza material sem pagar um alto preço por esse obscuro fantasma.

Aqueles que, uma vez adquirida fortuna, passam a ajudar o próximo, fazer caridade, construir em benefício de outros, estão usando sabiamente seu tesouro?

É lógico que sim, pois estão fazendo circular a energia da fortuna, que geralmente é estagnada. Aquele que sabe fazer bom uso de suas riquezas e não se perde com vaidades e orgulho está dando um enorme passo para sua prosperidade eterna.

Como um homem que soube usar bem sua fortuna, ajudando o próximo, pode evitar que sua herança se desvie desses bons propósitos?

Isso não tem a menor importância, pois se o homem usar a sua fortuna, fazendo caridade antes ou depois de sua morte, praticará o verdadeiro sentimento de benevolência. E aquele que se apropriar indevidamente dessa riqueza obstruirá o auxílio a tantos necessitados e cortará a energia que antes circulava em torno desse dinheiro. Só ele responderá por quantos deixou de ajudar. E só ele responderá pelos seus atos de má-fé.

SOLIDÃO

Se nascemos sós e morremos sós, por que a solidão é tão difícil?

Embora, como você mesmo disse, nasçamos e morramos sós, o homem é, em essência, um ser social, vive em sociedade, grupos, família. Por isso tem dificuldade de ficar sozinho.

E evoluímos sozinhos ou em grupos?

Primeiramente o ser evolui sozinho, depois se une a energias iguais às suas, formando redes de energia similar. Por isso pode parecer que evoluímos em grupos.

Mas ouvi dizer que a evolução de cada homem depende da do outro, somando-se e crescendo. Então, sempre pensei que evoluíamos em grupos.

Uma vez unido, um grupo de energias iguais e afins se congrega para que seus membros continuem juntos na mesma energia, ajudando-se mutuamente na evolução. Por isso costuma-se dizer que se evolui em grupos.

A família é um grupo?

É um grupo de evoluções diferentes, no qual a união por laços de amor faz que todos possam evoluir por igual e se transformem em uma corrente de energias unas.

E por que o senhor quer falar da solidão, Mestre?

Porque o homem, por meio da meditação, da oração e dos pensamentos deve aprender a ser um ser solitário para depois se transformar em um ser familiar. É pela solidão individual que alcançamos a compreensão, o amor verdadeiro, e com ela nos preparamos para evoluir. A solidão, no sentido estrito da palavra, não existe, pois estamos sempre interagindo no mundo visível e no mundo invisível e trocando energias – sejam boas ou ruins – importantes para nossa evolução e nosso aprendizado. Portanto, ninguém é sozinho.

Mas podemos ser introspectivos e meditativos para nos conhecermos melhor. Além disso, por incrível que pareça, até na morte estamos acompanhados. Não enxergamos nem ouvimos, mas estamos sempre sendo ajudados.

Acredito que uma das coisas que causam mais medo às pessoas é a solidão, seja por falta de amor, de amizade e até da própria solidão interior, que faz parte do temperamento. O que é a solidão, na espiritualidade?

Solidão, longe de ser uma palavra assustadora, é o caminho para o autoconhecimento. Ninguém conhece a si mesmo se não tiver momentos de solidão interior, de ficar face a face consigo próprio. Na espiritualidade, a solidão praticamente não existe, pois nos conectamos sempre com as mesmas energias e por isso não ficamos sozinhos, a não ser que queiramos.

Pode-se ter tempo para meditar, na espiritualidade?

Na espiritualidade quase nada muda. Somos as mesmas pessoas, com as mesmas tendências, com as mesmas procuras, com os mesmos desejos – em geral desejos de progredir. É claro que existem seres que ainda não se libertaram de seus ódios e mágoas... Mas somos os mesmos, só que tanto os sentimentos quanto as sensações se ampliam.

O senhor sempre nos ensinou que nunca estamos sozinhos, já que somos rodeados por energias semelhantes. Como podemos ter momentos de solidão?

Quando eu disse solidão, referi-me à solidão no mundo físico sem a presença de pessoas vivas. Ocorre que no mundo espiritual estamos sempre conectados com energias, o que nos conscientiza de que a solidão verdadeira não existe.

Numa meditação, quando estamos sós com nossos pensamentos, existe solidão?

Quando conseguimos tirar da mente todos os impulsos e pensamentos do dia a dia, ficamos totalmente libertos para nos conectar com energias iguais ou superiores à nossa. Libertos e sem interrupções. Por isso enfatizo tanto a meditação como cura de nossos males – sejam eles mentais ou energéticos.

AUTONOMIA

É verdade que precisamos dos outros para ser felizes?

Autonomia é o que o homem alcança por meio de sua capacidade de adquirir o que necessita para ser feliz e viver em paz consigo mesmo. A autonomia é única para cada ser e resulta de sua evolução. O homem tem autonomia quando se basta a si mesmo para ser feliz.

Mas isso me parece um pouco egoísta, pois sempre aprendemos que o homem é um ser sociável...

Cada ser é um mundo particular, muitas vezes com sentimentos contraditórios. Um ser que alcançou autonomia e atingiu o equilíbrio em suas paixões, angústias, ódios e amores está em paz.

O ser humano foi criado para viver em sociedade, como tudo e todos na natureza. Aprendemos que dependemos uns dos outros para viver e evoluir, mas isso nada tem que ver com autonomia. Um ser que não depende de outros e se basta pode despender seu tempo na ajuda ao próximo e na evolução da sociedade em geral. É um erro pensar que o ser humano completo não pensará em mais ninguém. Quanto mais completos e evoluídos, mais querem ver todos alcançando a mesma condição. Essa é a nossa luta.

E como se consegue autonomia?

Começa-se por praticar o amor em todos os seus aspectos: doando-se, ajudando os outros, compreendendo o próximo para se compreender, enfim, tornando-se uma pessoa melhor. No começo soará como um exercício, mas com o tempo isso será natural.

Como podemos pensar em autonomia quando estamos cheios de problemas?

Os problemas em si são escolas para aprendermos a lidar com as intempéries da vida. Eu já disse antes que autonomia está ligada a equilíbrio, e a como aprender a ter equilíbrio sem precisar colocá-lo em teste várias vezes. É especialmente nessas horas que a lição é importante. Medite mais para encontrar dentro de si as respostas para os problemas.

O senhor sempre recomenda que meditemos. Se eu ficar quieto num canto, com o pensamento elevado em Deus e em suas criações, trilharei um caminho para meditar?

Sem dúvida. Para começar a meditar, sempre, antes de tudo, precisamos ter os pensamentos elevados, para nos conectar com energias e forças elevadas do espaço além. Portanto, se quiser começar com uma prece só sua, íntima, uma conversa de coração aos pés de Deus, esse seria um bom primeiro passo.

E qual seria o segundo passo?

Dissecar o seu problema ou o seu pensamento. Se tiver muita dificuldade de se relacionar com certas pessoas, procure pensar nesse problema e no porquê dessa dificuldade. Separar as pessoas envolvidas no problema em bandejas diferentes. E juntar também outras peças diferentes para observar o problema de fora e sem envolvimento. Por exemplo: você no trabalho, seu chefe irascível e os colegas invejosos. Separe cada qual e tire-os de suas funções. Faça deles peças de um quebra-cabeça. Agora coloque as pessoas que você ama como outras peças. Pense em outras pessoas e nos seus familiares e também traga-os para o jogo. Agora tente juntar aqueles de que gosta e aqueles que não lhe são afins. Será que nesse exercício sua energia referente a essas pessoas poderá melhorar? Como juntar a esposa do chefe com sua esposa, seus filhos, seus amigos, num lugar maravilhoso? Será que todos não se entenderiam? E juntar seu chefe com sua família em um lugar tranquilo, de paz e felicidade, e todos juntos irem passear. O que você acha que ele faria no caminho? Seria ainda irascível?

Esse exercício nos faz aprender que todas as pessoas têm um lado bom, e é esse lado que devemos enfatizar para aprender juntos a evoluir e a nos equilibrar. Lembre-se que os melhores professores são os nossos inimigos mais difíceis.

CONTINUIDADE

O que significa "continuidade" na linguagem espiritual?

Continuidade é o resumo da reencarnação, o dia seguinte de todos os dias. É a soma e o resultado de todas as experiências vividas e as que a ela vão se seguir. Continuidade é o fio que nos acompanha do nascimento até a morte e da morte ao renascimento. É uma palavra que abrange toda a linguagem espiritual. Hoje somos a continuidade de ontem e assim sempre seremos.

Não seriam as palavras "ação e reação" melhores do que "continuidade"?

A palavra continuidade abrange ação e reação, pois é a continuação de tudo aquilo que somos, fomos e praticamos.

Se a nossa vida hoje é a soma ou a continuidade das anteriores, a que vai se seguir será também a continuidade desta, acrescida de todos os conhecimentos, falhas, faltas, créditos, resgates?

Sim, sem dúvida. Na vida eterna, tudo é consequência e tudo é continuação de algo que já passou.

Sabendo disso deveríamos ser seres melhores hoje, já que na continuidade da outra vida se levam os conhecimentos e as faltas... Por que é tão difícil, para muitos, acreditar em reencarnação?

Porque o homem, ao nascer, vem dotado de novas chances de vencer, condicionadas ao esquecimento total de suas vidas anteriores. Por isso parece ficção científica, ou um simples sonho, que possamos viver novamente outras vidas. Quanto a melhorarmos, está tudo tão entranhado em nós que é sempre muito difícil nos modificarmos. Mas posso lhe afirmar que todos sabemos o que fomos na vida anterior, pois basta olharmos as nossas tendências e as nossas buscas. E, sabendo disso, devemos procurar resolvê-las e superá-las.

E quanto a doenças degenerativas ou outras? Elas são a consequência de algo na continuidade?

Existem vários tipos de doença, e muitas das doenças degenerativas geralmente decorrem de distúrbios ou des-

regramentos experimentados em outras vidas. Não podemos generalizar, pois as doenças devem ser estudadas caso a caso, mas algumas seriam a continuidade da busca de cura para a alma. Cura que acontecerá através do sofrimento, para expurgar a doença do corpo físico e para que ela não seja levada para a próxima etapa de nosso renascimento. Em outras palavras, existem doenças que são o remédio amargo que devemos tomar a fim de obter a cura.

SERIEDADE

Todos sabemos que a vida é curta. Por que o senhor nos pediu para pensarmos na palavra "seriedade"?

A evolução do homem segue sem dúvida o caminho da seriedade. Seriedade na forma de encarar problemas, na forma de encarar soluções, na maneira como lidamos com as outras pessoas, no nosso trabalho, no dia a dia. Para evoluir mais depressa, o homem necessita ter, implícita em seu âmago, seriedade em tudo aquilo que faz.

Seriedade tem relação com austeridade?

Não, porque um homem pode manter a seriedade e ter, ao mesmo tempo, a capacidade de ser brincalhão, alegre, de bem com a vida. Aliás, esse é um ser feliz, pois sabe juntar a seriedade com a alegria.

Essa seriedade a que o senhor se refere é uma qualidade que deve ser parte inerente de nossa personalidade, sem modificar porém o nosso jeito alegre e brincalhão de ser?

Sim, a seriedade a que me refiro é levar a sério e em consideração tudo e todos que nos cercam, incluindo nesse compromisso o respeito ao próximo.

A brincadeira com seriedade é aquela que não magoa nem afeta ninguém nem nada, é a maneira certa de viver. Encarar o mundo com seriedade, otimismo e alegria sempre!

É só abrir os jornais para perceber que o mundo, ou uma grande parte das pessoas que nele vivem, não é sério!

É exatamente disso que estou falando, se elas fossem sérias, se levassem a vida com seriedade, responsabilidade, amor e alegria, o mundo seria o paraíso que adoraríamos compartilhar com todos.

SINCERIDADE

De que forma a sinceridade modifica os homens?

Existe um longo caminho a ser percorrido até que o homem comum se transforme num homem sincero. A sinceridade da pessoa é um sentimento que vem do coração. Os homens comuns geralmente falam com o cérebro e pouco usam o coração, o sentimento, para filtrar palavras e pensamentos. Usando primeiro o coração, o homem modifica sua energia interior e passa a se comunicar mais de perto, passa a sofrer a influência das energias iguais ou superiores às suas, tendo então a chance de se aprimorar e de auxiliar a si mesmo e aos outros.

E se o homem sincero for violento?

Ele estará impregnado de energias iguais, multiplicadas pelas energias do universo, aumentando exponencialmente esse sentimento. Daí a violência ser perigosa não só para ele próprio como para as pessoas que o rodeiam, pois todos receberão choques de energias superiores àquelas a que estão acostumados, o que pode até lhes causar doenças ou desequilíbrios físicos internos.

Isso nos faz imaginar que o homem é dotado de uma central elétrica dentro de si, correto?

O homem, como tudo na natureza, é energia viva, mas por ser inteligente, dotado de livre-arbítrio, pode aumentar essa energia tanto para o bem como para o mal; como já expliquei, ele se conecta com energias superiores ou inferiores através do seu coração.

Qual a importância da sinceridade?

Primeiro, um homem sincero não mente. Ele é um lago transparente e você sempre sabe com quem está lidando.

Segundo, como a sinceridade parte principalmente do coração e emite energia que é captada por outras energias afins ou maiores, ela é sem dúvida um começo para se conectar com energias superiores. E, além disso, quando esse homem eleva seus pensamentos em prece, o faz com o coração, o que é sempre captado e ouvido.

SOCIABILIDADE

Por que o homem é um ser social?

Porque a sociedade é o gatilho impulsionador de seu progresso. Ninguém modifica ou constrói nada sozinho, necessitamos da interferência de outros para tocar nossos projetos. Não podemos esquecer que sofremos a influência constante de energias inteligentes, por isso somos seres sociáveis, aceitemos isso ou não.

Como devemos agir para vivermos felizes em sociedade?

Buscando seguir as regras dessa sociedade. Todos aqueles que contestam o tempo inteiro, embora sejam os propulsores da evolução do grupo, tendem a sofrer muito mais.

Parece que o senhor está nos aconselhando a ser mais cordatos, é isso?

Não na forma que você entendeu, que parece ser a do conformista, mas sim no sentido de procurar viver melhor no meio em que está, dando valor ao que há de bom mas tentando, também, com bom senso e boa vontade, modificar as coisas das quais discorda, sempre visando o bem-estar geral dessa sociedade.

Não se esqueça de que somos energias sociáveis, influenciamos e somos influenciados o tempo todo por elas, por isso uma atitude sua pode modificar as atitudes de um grupo. Um bom resultado depende da intensidade e da forma como você age e coloca em andamento as suas ideias.

Essa sociabilidade tem relação com o relacionamento entre pessoas e espíritos?

Sim, tem que ver com a aceitação das pessoas como elas são e com a aceitação do mundo invisível como ele é. É preciso, por meio dessa aceitação, contestar menos e ter mais tempo para meditar e trabalhar pelo bem comum. A sociabilidade tem relação com pensar, trabalhar e evoluir em grupo. Aquele que se junta a outros com o propósito de evoluir e progredir está no caminho certo na busca da felicidade.

Quando me refiro à sociabilidade quero dizer o perfeito intercâmbio entre as pessoas e o mundo espiritual.

SENSUALIDADE

Ser muito ligado a sexo é uma condição de espíritos pouco desenvolvidos?

Não necessariamente. Em muitos casos, o homem pode estar sofrendo de problemas obsessivos, mas outros estarão, de livre e espontânea vontade, em sintonia com energias afins. Livros, televisão, revistas e até o noticiário estão cheios de referências e apelos sexuais, o que influencia – ou até mesmo desequilibra – mentes menos evoluídas.

Embora o homem se ache evoluído e caminhando para uma maior compreensão da espiritualidade, ele ainda engatinha em necessidades básicas ligadas à sua sensualidade.

A sensualidade está ligada às energias negativas?

De maneira alguma. A sensualidade é inerente ao ser humano, pela simples necessidade de procriação, como acontece com todos os seres vivos da criação.

Então, sensualidade é uma forma de preservação da espécie?

Claro que sim. E, para o ser humano, o sexo que envolve amor, afeto, é sempre um ato abençoado, representando ainda uma soma de energia e de crescimento para ambos.

Quer dizer que a sensualidade é necessária e pode até ser valorizada pela sociedade?

Em sua forma pura e natural, sim, mas muitas vezes o homem tem usado a sensualidade apenas ligada a desejos e manias desregrados, como se isso o levasse à saciedade de si mesmo. O homem tem a impressão de que, através do puro prazer, encontrará a felicidade e a paz de que tanto precisa. O sexo, por ser prazeroso, pode viciar – e, como um vício, traz prejuízos ao indivíduo e à sociedade.

Parece-me que o senhor está comparando o vício do sexo com o vício das drogas, é isso?

Sim. Pessoas viciadas em qualquer coisa, como cigarro, bebida, jogo, sexo, drogas, ficam momentaneamente conectadas com energias negativas e destrutivas, quando não estão perturbadas por obsessores violentos. De toda forma, qualquer vício, por mais simples que pareça, leva o homem ao desequilíbrio, o que causa danos a ele, aos que o cercam e à sociedade como um todo.

SENILIDADE

Por que envelhecemos?

É da natureza que o homem, em seu caminho de crescimento na Terra, vá gradualmente se acostumando com as limitações de seu corpo e aprendendo a lidar com elas. Dessa forma, ele fica consciente e humilde diante do patrimônio maravilhoso e perfeito que é o corpo humano.

Assim a velhice me soa como um castigo. O senhor não acha?

A velhice e a sabedoria caminham juntas.

Na velhice diminui o prazer de fazer muitas coisas, às vezes até com relação aos atos básicos do cotidiano, e vamos ficando mais introspectivos, com tempo para pensar. Voltamo-nos para nós mesmos, auscultando bem de perto o nosso íntimo. E aproveitamos esse pouco tempo de vida que nos resta para meditar e melhorar.

Então deveria ser muito bom conviver com os velhos, mas muitas vezes é bem desagradável.

Isso acontece quando eles não sabem respeitar e lidar com essa fase da vida que é a velhice.

Velhice e senilidade geralmente caminham juntas, e depende apenas de nós se seremos mais senis ou mais sábios, se nos revoltaremos contra nossas novas limitações ou se as enfrentaremos sabiamente.

E por que temos pavor da velhice?

Porque ainda não nos conscientizamos de que a velhice é a fase da sabedoria e da colheita. Só deveria temê-la o incauto que não plantou, que viveu sem compromissos com seu corpo físico e espiritual.

O senhor, pessoalmente, acha a velhice uma alegria?

Como não, se a velhice significa que o homem, para alcançar esse estágio, viveu e experimentou sensações, emoções e conhecimentos novos? Significa que está mais perto de se graduar na escola da vida e de recolher os frutos do que plantou, do que passou a vida inteira semeando.

TEMOR A DEUS

Por que a grande maioria dos homens tem medo de Deus?

Por ignorância e por dogmas doutrinários das religiões que assustam as pessoas para dominá-las – para que, ao temer o invisível e o desconhecido, obedeçam suas regras.

Isso tem relação com o advento de algumas religiões modernas?

Não, o homem sempre temeu o desconhecido. Para ele, Deus era o trovão, a chuva, o fogo e tudo que acontecia independentemente de sua vontade. Com a evolução e o conhecimento das energias, o homem então transferiu o medo e o respeito para um ser totalmente superior a todos os que eram até então conhecidos.

Temer a Deus tem que ver com espiritualidade?

Temer a Deus tem que ver com respeito e consequências. Lembramos novamente que já morremos e renascemos várias vezes, e a força desses acontecimentos, que independem de nós ou da nossa vontade, nos descortina um caminho superior que só pode ser determinado por algo muito mais evoluído, que chamamos Deus. Deus do desconhecido, Deus de todos nós e de todo o Universo. Deus, senhor da criação, da criatura e de tudo na natureza.

É importante ser temente a Deus?

Como eu já disse, é importante o respeito às forças superiores que não conhecemos nem vemos. O homem temente a Deus segue as regras do bem e a de amar ao próximo como a si mesmo.

É errado não acreditar em Deus, em um ser superior e o criador de tudo?

Se você tiver bondade no coração e boa vontade para com tudo, isso não é problema, pois acreditando ou não Ele, ou a energia superior, está lá, controlando todas as outras energias com uma eficiência admirável.

Então quer dizer que tanto faz se acreditamos ou não?

O mundo e o universo caminham para a frente, acreditemos ou não; portanto, de modo realista, tanto faz. Mas a verdade é que um homem temente a Deus é um ser que procura sempre melhorar.

Quando o senhor diz "temente a Deus", a que se refere, na realidade?

Refiro-me à importância da crença num ser superior, que nos ama, perdoa e nos espera pacientemente até que nos juntemos a Ele. Quero alertar sobre a importância de sermos melhores no coração e na mente.

ETERNIDADE

Por que sonhamos em ser eternos e não aceitamos a morte?

Esse é um tema que já comentamos. O homem em geral tem medo de pensar na morte e de falar sobre ela, que para ele é o desconhecido total. Mas a morte chega para todos e, com ela, vem a renovação – assim como a chuva que bate no solo renova o ar e o chão. Portanto, somos igualmente abençoados com a morte, que nos renova, nos limpa e nos dá tempo de meditar sobre o que fizemos e sobre o que ainda poderemos fazer. Na realidade, o homem, em essência, é eterno só que na sua pequenez ainda não percebeu isso.

Essa eternidade a que o senhor se refere por acaso é encontrar o Paraíso?

Não, refiro-me ao homem aprender que já é eterno e que, sendo assim, resgatará todas as más ações que possa ter feito ou fará. É um aviso de que não temos como fugir às nossas responsabilidades e às consequências de nossos atos, já que somos eternos.

Realmente, sendo assim, devemos ficar mais atentos aos nossos erros e procurar acertar mais, certo?

Certo, e também plantar o bem, como se planta para colher flores ou vegetais. É preciso programar a nossa melhora interior, observando-nos mais e aos outros, e aprendendo a perdoar com mais facilidade e empenho.

Se somos eternos, continuaremos junto de nossos familiares pela eternidade?

Você sempre leva consigo todos os laços de amor, ódio e amizade que construiu. Se os seus familiares estão dentro desses parâmetros, você estará com eles, só que não da forma como os tem na Terra, muitas vezes ligados a seu serviço.

Você os terá ficando em sintonia com a energia deles: multiplicará a sua alegria verdadeira ou, por outro lado, ficará triste com os erros que foram cometidos no passado e agora têm um peso muito maior.

Parece que, no final de tudo, iremos para o Paraíso. É isso?

O paraíso para nós, por enquanto, está bem longe de ser conquistado, pois uma vez que a pessoa tenha alcançado essa alegria e paz total ela, com o sentimento apurado de compaixão e amor ao próximo, não sossegará enquanto não trouxer para seu reino todos os homens da Terra.

É por isso que espíritos elevados estão sempre trabalhando para nos ajudar a evoluir?

Exatamente.

NECESSIDADE

Como seres humanos, de que necessitamos além de ar, alimento, calor?

Diante dessa pergunta, parece que o homem necessita somente do básico para sobreviver, e parece até que estamos falando de máquinas. Na verdade, para a vida material o homem necessita de alimento, oxigênio e calor, mas devemos pensar na-

quilo de que ele precisa para a eternidade. *O homem necessita do amor tanto quanto necessita do alimento para viver. No mundo espiritual, onde estamos desprovidos do corpo físico, não precisamos nos alimentar, mas necessitamos de equilíbrio, e essa é a busca de todos. Quando estamos em equilíbrio estamos no nosso nirvana. E, sem dúvida alguma, o equilíbrio é conseguido somente através do amor – seja pelo próximo, seja por si mesmo.*

E o que acontece com aqueles que, ao nascer, são abandonados pelos pais e depois maltratados pela sociedade?
Sem falar em passar necessidades também... Veja como tudo isso é importante. Primeiro, ao nascer, falta-lhe o alimento da alma, o amor, e logo depois lhe falta o alimento físico. Realmente uma pessoa ou um ente querido que esteja nessa situação não poderá ser cobrado como aqueles que nasceram num berço de amor e fartura.

Mas e a lei da ação e reação, ou lei do carma? Não significa que ele renasceu no núcleo que sua energia pedia?
Sem dúvida, mas não podemos compará-los com os que nasceram em um lar estável, pois a falta de amor e de alimentos traz danos físicos e psicológicos incuráveis para a sua vida física. Sendo assim, a sua luta para progredir e sobreviver é bem maior que a do outro. E o sofrimento também.

INTUIÇÃO

Mestre, o que é intuição?
É a conexão de alma com alma. É o encontro mental de energias.

A intuição é importante?

Acredito que foi através de intuições dadas aos homens que a civilização foi evoluindo e vai continuar a evoluir.

Por que a intuição é tão importante na vida?

A intuição é algo que recebemos e podemos estender aos outros. O ser humano é criado com circuitos cerebrais que se conectam 24 horas por dia, como antenas transparentes, com o mundo exterior visível e invisível. As intuições são energias que essas "antenas" captam e se transformam em pensamentos. Geralmente são avisos ou advertências para ajudar a resolver problemas passados ou futuros.

Sabemos que o cérebro humano é dotado de uma vasta rede de conexões, e que isso permite captar de formas diversas as informações, as energias e os pensamentos universais. Isso tudo explica a importância da intuição na nossa vida.

A intuição vem de outros espíritos, de energias pensantes?

Na maior parte das vezes, sim, mas pode vir de dentro da própria pessoa, cavado do fundo de sua alma, de vidas passadas. Pode ser um aviso para que tome cuidado, pois a pessoa já deparou com uma situação similar em outra vida e não foi feliz nos resultados. Mas, quando a intuição parte de energias elevadas, devemos com certeza segui-las.

E como saber de quem parte uma intuição?

É pelo sentimento que sabemos se a intuição é nossa ou vem de fora. Podemos também distinguir se ela vem de um amigo espiritual ou de alguma energia obscura que não nos quer bem.

A intuição se confunde com ouvir espíritos?

Não, a intuição não fala conosco, nasce dentro do nosso cérebro unido ao coração. Quando estamos mentalmente conversando com espíritos, existe uma linha de pensamento e até um diálogo entre as partes.

As intuições são sempre boas ou podem ser ruins, oriundas de energias que não nos querem bem?

As intuições podem vir de várias maneiras, boas e ruins, como tudo na natureza. Não podemos ignorar que o homem caminha a passos pequenos, e aqueles que se conectam com energias inferiores recebem intuições, na maioria das vezes, de energias até mais maléficas.

As intuições podem vir de nossos anjos protetores?

As boas intuições nos são sempre enviadas por bons espíritos que lutam por nossa evolução e pelo nosso bem maior. Cabe a você sintonizar-se e decidir qual é a boa intuição e qual deve ser renegada.

Todos os seres humanos recebem intuições?

Sim, todos os seres humanos são dotados de uma espécie de antena que os coloca energeticamente em contato com outras energias inteligentes. E isso acontece para que possamos evoluir mais rápido. A natureza é tão generosa conosco que nos deu e nos dá materiais físicos ou espirituais para que possamos captar lições para evoluir. Cabe ao homem decidir, sempre, se a sua evolução será breve ou espinhosa e prolongada.

Podemos ter intuições negativas, mesmo que estejamos positivos?

Não, pois a nossa energia é uma barreira para que outra diferente se aproxime.

Nunca pensamos ou intuímos algo negativo se, no nosso âmago, tivermos pensamentos positivos.

EQUILÍBRIO

Por que nos é tão difícil encontrar o equilíbrio?

Porque o homem está mais centrado nas causas materiais do que nas causas espirituais.

Então o senhor acha que um religioso tem mais equilíbrio que as pessoas comuns?

Não, absolutamente. Não me refiro a religião ou a religiosidade. Refiro-me à capacidade do homem de buscar a si mesmo, de se compreender melhor e de conseguir uma convivência social mais harmônica. Aí estaria o seu equilíbrio: a mente integrada à sociedade.

E as religiões ajudam nessa procura interior?

Depende das religiões ou das filosofias. Aquelas que ensinam o homem a orar, a se modificar, a ajudar o próximo e acima de tudo a amar seus semelhantes, sim, porque nos orientam a melhoras e buscas interiores, ao mesmo tempo que nos situam em uma sociedade.

A pessoa pode encontrar o equilíbrio sozinha?

É claro que sim, e essa deve ser a nossa luta. Por meio da meditação encontramos respostas e auxílio para as nossas dificuldades, e aprendemos a nos conhecer mais, seja em relação aos nossos limites, seja no incentivo à bondade. Assim conseguiremos melhorar sempre.

A compaixão é um fator importante para o equilíbrio?

Muitos são os fatores, mas o primeiro e mais importante é a compreensão. Com ela acharemos o caminho do equilíbrio.

INCORPORAÇÃO

É possível, sem percebermos, incorporar um espírito ou ser influenciados por outras energias?

Se nós somos energias vivas e nos conectamos o tempo inteiro com outras energias, é fácil que uma pessoa sofra influências ou até incorporações. Não é mágica, é um processo exclusivo de sintonia.

Nada devemos temer, pois desde o momento da criação do homem ele sofre influências e incorporações de espíritos afins ou mais evoluídos, com o intuito de nos elevar (ou de nos derrubar, dependendo de nossas vontades e tendências).

É possível uma pessoa boa ser incorporada por uma energia ruim?

Sim, é possível, pois energia se conecta com energia e, como seres humanos, não somos santos o tempo todo.

E como isso acontece?

Sabemos que existem pessoas com uma mediunidade maior e que, se essas pessoas passarem por um grande desequilíbrio – como ficar com muita raiva, muito ciúme, muita inveja ou muito medo –, elas se ligarão a energias negativas e poderão sofrer a incorporação dessa energia por segundos, minutos ou até mesmo horas, dependendo do grau do seu desequilíbrio.

E isso não é assustador?

Assustador? De jeito nenhum, isso é a luz que nos ilumina, pois lembre-se de que também podemos nos conectar com energias elevadas e poderosas que nos ensinam, nos fortalecem, nos elevam e nos deixam, sem dúvida, muito melhores.

Depende de nós a energia com a qual nos conectamos. E isso é maravilhoso! É a liberdade de escolha de cada um, seguindo seus pensamentos, tendências e obras!

Como nos policiar para nos conectarmos sempre com energias superiores?

Essa é a nossa luta diária. Imagine-se num lugar escuro em que, de repente, você vê ao longe uma luz enorme. Você corre para ela, que o abraça e aquece. Pense nesse exemplo e, sempre que ficar triste ou desgostoso, com raiva ou em desequilíbrio, corra para a luz.

CONTENTAMENTO

Um homem contente é um homem evoluído?

Não necessariamente, mas um homem contente é mais amável e aberto ao crescimento espiritual. Quando me refiro a esse tipo de satisfação, quero dizer que o interior e o exterior estão sempre buscando o estado de paz e equilíbrio.

Esse contentamento surgiria de dentro para fora ou de fora para dentro?

A satisfação, o contentamento, é uma energia que flui de dentro para fora e de fora para dentro. Vem com a compreensão, com a gratidão e com o engrandecimento interior.

E como é o homem que alcança o contentamento?

É aquele que compreende e aceita a tudo e a todos. É aquele que batalha por seus credos e aceita os dos outros. Aceita o bem e até o mal com o mesmo equilíbrio. Está satisfeito com ele mesmo e com os que o cercam. Então, amar a todos e a tudo é alcançar o verdadeiro contentamento, a felicidade plena.

E como é possível também aceitar o mal?

Já passaram pela Terra espíritos tão elevados que aceitaram essas situações e lutaram para mudá-las com o amor enorme que tinham dentro de si. E deixaram esse mundo aceitando-o como ele é, e acreditando com alegria que um dia tudo seria melhor.

Um desses espíritos por acaso era Jesus?

Sem dúvida alguma. Que partiu da Terra amando os homens do jeito como são, e batalhando para que um dia todos nos tornemos melhores. E assim foram também Moisés, Buda, Maomé e outros importantes profetas, e grandes homens de espíritos iluminados.

CRESCIMENTO

Pode um ser humano crescer e se desenvolver sozinho?

O homem é um dos seres mais frágeis da cadeia animal na Terra. Desde o nascimento ele necessita de ajuda para alimentar o corpo e para acalentar a alma, e de proteção para crescer forte e progredir. O contato da criança recém-nascida com a mãe lhe dá estabilidade para o resto da vida.

Quando podemos dizer que estamos crescendo espiritualmente?

Todos os dias. Somos seres privilegiados, pois não apenas crescemos fisicamente como evoluímos mental e espiritualmente a cada dia.

Não existe um parâmetro para o crescimento interior, este varia de ser para ser, na forma e no tempo. Alguns evoluem mais rápido e outros necessitam de mais tempo, mas todos estão sempre evoluindo.

Existe alguma força interior que nos impulsiona para o crescimento?

Existem várias, mas uma delas, que todos conhecem bem, é o sofrimento. Por meio do sofrimento aprimoramos a nossa alma.

Não é estranho dizer que o sofrimento ajuda as pessoas?

Estranho seria se para progredirmos não necessitássemos de nada, só da sorte. O homem cresce única e exclusivamente pela força de si mesmo. Uns crescem pela dor, outros pelo amor. Mas, independentemente do tempo, ou do que seja, que precisemos para crescer, todos nós evoluímos e não retrocedemos.

E o que dizer daqueles que crescem na maldade?

Ninguém cresce na maldade sem que haja alguma razão para isso. Algum dia eles também vão se transformar, pela dor ou pelo amor – é só uma questão de tempo.

CONGREGAÇÃO

As congregações religiosas são importantes para a evolução do homem?

Sim, as congregações religiosas que estão na Terra são de extrema importância. Na grande maioria pregam a melhora dos sentimentos, a fé, o perdão, a maior compreensão entre os homens.

Uma congregação religiosa alcança mais seus objetivos do que um pequeno grupo sem um ideal fixo?

Sem dúvida. Numa congregação, que é a união de pessoas com determinada finalidade, a força do ideal é a primeira a abrir as portas para se conseguir um intento, unindo as energias afins de seus membros.

Então o senhor diria que criar mais congregações religiosas permitiria um número maior de elevações espirituais?

Se elas tiverem a finalidade de ajudar ao próximo, sim. Mas se por trás dessas congregações houver a busca de recompensa financeira, elas estarão errando na base de seu crescimento, misturando energias puras com energias interesseiras, o que diminuiria sua área de ação espiritual.

Mas os membros que aderem com tamanha fé e energia conseguem evoluir por si sós.

Então não importa se as congregações religiosas, que pregam o bem, estejam também conectadas aos interesses de seus dirigentes?

Sim, pois aquele que adentra essas portas procura ajuda e transformação e está munido de fé interior. Mas seria muito melhor e mais eficiente se a casa não tivesse interesses financeiros escusos, devido às más energias que estes liberam.

O DESCONHECIDO

Por que o desconhecido nos assusta tanto?

Em virtude das lendas e crenças dos homens, originadas de memórias de vidas passadas, visões do mundo espiritual, sonhos, unidos ainda à imaginação de cada um. Sabemos que somos seres em evolução e que hoje estamos numa situação muito melhor que antes; não seria de espantar que também nós já nos detivemos por um bom tempo em lugares sombrios e assustadores, e que nossa memória ancestral seja despertada quando ouvimos essas lendas e crenças.

O desconhecido é para todos algo a ser superado, e todo desafio vem acompanhado do medo de realizá-lo. Mas devemos ter sempre em mente que o nosso desconhecimento sobre o futuro, sobre a morte, sobre a vida após a morte e sobre qualquer novo desafio é sempre benéfico para a imaginação – e um freio para os incautos e os brincalhões da vida.

Então o desconhecido é uma coisa boa para nós?

Como não? É o mistério que envolve a tudo e a todos, sempre. É estimulante, nos leva a ser mais otimistas, evoluindo e sonhando sempre com dias melhores para todos.

E nós lembramos também das coisas boas pelas quais passamos?

Quem lhes disse que não nos lembramos? Cada ser carrega consigo uma memória de longa data e de várias situações, e quanto mais evoluído se tornar, melhores as lembranças que carregará consigo e menos medo – ou medo nenhum – terá do desconhecido.

O senhor pode nos descrever um pouco do mundo desconhecido onde o senhor vive agora?

Como não, mas lembre-se de que serão os seus órgãos e lembranças físicas que recriarão a minha descrição em você. Aqui, como em vários outros planos que circundam o planeta Terra e estão imantados da mesma energia que o planeta-mãe, as paisagens e o mundo animal são bem semelhantes aos de vocês. Temos rios, montanhas, mares, vales, planícies, florestas e uma extensa vegetação – que, por ser livre da matéria, tem cores mais belas e luminosas. Aqui também sofremos influência dos humores do tempo, só que em maior equilíbrio e com muito mais benefícios. Por exemplo: as chuvas são suaves e belas. Não temos tempestades assustadoras, pelo menos não na região em que habitamos. Quanto aos animais, eles são mais livres e dóceis, podendo interagir conosco em total liberdade.

Aqui não temos barreiras filosóficas ou dogmas elitistas.

DISCERNIMENTO

Como seres inteligentes que somos, temos discernimento para escolher entre boas ou más ações, ou para nos abster. É para isso que nascemos com esse dom?

Discernir faz parte da natureza humana em todos os tempos, seja na espiritualidade, seja na vida terrena. Discernir é o mesmo que escolher, e é essa a maior liberdade e a maior prova de amor que um ser tem para dar a outro, e que Deus, como ser sublime e superior, nos dá sempre.

Se discernir é escolher e temos essa liberdade, por que quando escolhemos mal somos punidos?

Ninguém é punido por suas escolhas, mas orientado a voltar e a rever a escolha que para ele, naquela hora, estava errada. Com isso, o Pai deixa nas mãos de cada ser o seu destino. É pelo discernimento ou pela escolha que seu destino presente e futuro se realizará. Aquele que escolhe errado por ilusões, egoísmos ou falhas tem tempo e amor do Pai suficiente para, na próxima rodada, discernir corretamente.

Mas dizem que existe um lugar onde os chamados espíritos sofredores permanecem até resgatarem, de maneira terrível, seus graves erros. Se só fosse mesmo errar e reencarnar para ter segundas chances, eles não seriam punidos...

Você se engana, foram eles que escolheram ficar lá, por sua total liberdade de pensamento, pois só estamos e só vivemos onde estiverem nossos pensamentos. Portanto, alguém que errou mas se arrependeu e quer melhorar nunca vai para esse lugar; irá para uma casa ou um plano onde receberá compreensão, acolhimento e novas oportunidades.

Se já nascemos com discernimento, por que não aprendemos desde cedo a fazer escolhas corretas? Aqueles que têm a chance de pertencer a uma família ou a um grupo com algum grau de fé ou religião aprendem desde cedo a ser tementes a Deus e a evitar os erros, que lhes são ensinados como sendo pecado.

E isso nos incute esse medo do erro para, na verdade, tentar nos ensinar a fazer as escolhas certas. Então, dizer que nada sabíamos e por isso erramos não nos redime de culpa.

O ser que erra por ignorância não deve sofrer após a morte nem ficar perdido nessas regiões de sombra e sofrimento. Ele vai aprender gradativamente que as decisões que tomou não foram as corretas, que não era aquele o caminho certo, mas que seu erro tem solução.

Aqueles que não conhecem as leis de Deus, para os quais o bem e o mal não existem, e lutam diariamente por sua sobrevivência deveriam seguir as mesmas regras dos outros, que aprenderam sobre o bem e o mal? É claro que não. Se somos energia e nos conectamos com energias similares à nossa, a pureza e a luta da sobrevivência são para eles muito mais fortes que a maldade ou a bondade interior. Eles ainda terão de ser lapidados e esperar a hora de receber mais facilidades da vida para poder discernir entre o bem e o mal.

INVESTIGAÇÃO

Quando o senhor nos pediu que meditássemos sobre a palavra "investigação", queria se referir à investigação sobre pessoas, religiões ou a outra coisa?

Como a palavra "investigação" cobre uma vasta gama de assuntos, vamos mais especificamente investigar os credos, os caminhos religiosos. Devemos sempre lembrar que, apesar dos escritos, das palavras e das pessoas, os fatos ocorreram antes, e que ao ser relatados podem ter sido bastante modificados. Por isso, para investigar o que lhe derem ou disserem, além do discernimento, são necessários conhecimento e a maior acuidade possível.

É importante frisar que os homens se encantam com homens e se esquecem dos fatos. A história e as religiões partiram de fatos verídicos, mas a eles foram acrescentados acontecimentos imaginários – alguns por escrito, outros pela palavra falada –, a fim de nos impactar e conseguir uma maior aproximação.

Isso quer dizer que devemos investigar também o que lemos e o que escrevemos?

Na vida, a investigação é um fator inteligente a ser usado em todos os casos, sem exceção.

Mas as crenças que recebemos desde a infância e estão arraigadas em nós também devem ser investigadas?

Crenças são maravilhosas se despertarem a compaixão e a sabedoria do homem, mas se forem apenas apresentadas, sem mais explicações, acredito que um pouco de in-

vestigação seria sábio de sua parte, para depois não se arrepender. Isso é necessário para que você não fique preso a crenças ou pensamentos que poderão levá-lo a outro caminho após a morte.

Lembre-se de que viveremos onde estiverem nossos pensamentos – e, por que não dizer, onde também estiverem nossas crenças.

Isso representa um alerta para nós?

Sim, porque muitas vezes encontramos espíritos desorientados cujas crenças não lhes permitiam acreditar na vida após a morte, mas apenas no encontro do Paraíso ou do Inferno.

Por acaso esse não é um ensinamento meio revolucionário, bastante polêmico? Não deveria ser abordado apenas no futuro?

Ao contrário. Esse é um ensinamento de amor ao próximo, para que o homem investigue e se atualize, abra-se para outras religiões e outros caminhos, ampliando assim, sempre, o seu leque de atuação e de entendimento e, acima de tudo, sua sabedoria.

LUZ

Sabemos que sem luz a vida na Terra é impossível. Como é na espiritualidade?

Existem muitas fantasias sobre o mundo espiritual, mas o que você vai encontrar deste lado assemelha-se ao que existe na vida terrena. E a luz também é para nós de grande importância, pois é ela que purifica os fluidos pesados que provêm dos pensamentos equivocados. É por meio dela que a vida, tanto aí como aqui, se torna possível.

Em todos os livros que lemos sobre o mundo espiritual fala-se que lá existe também um lugar tenebroso e escuro. E a luz, onde está nesses lugares?

Quando você adentra uma caverna, ela é escura por dentro, mas existe vida no interior dela, ou seja, animais que se adaptaram a pouca ou quase nenhuma luz. No local espiritual a que você se refere, o próprio fluido de pensamentos desregrados e pesados funciona como neblina, que é tanto mais densa quanto piores forem os pensamentos de seus habitantes.

Nesses lugares, a luz é vista de vez em quando, especialmente quando caravanas de espíritos bondosos e missionários se aproximam para ajudar os irmãos desesperados. Só se recebe aquilo que se merece, tanto na natureza física como no plano espiritual.

Se a luz tem o poder de eliminar impurezas na espiritualidade, o mesmo acontece também aqui, para nós?

A luz é o fluido universal mais importante para a vida. Ela não só elimina as impurezas imperceptíveis a olho nu como nos proporciona o que é necessário para nosso desenvolvimento físico.

O espaço é escuro. Como o senhor explicaria a vida em outros planetas?

O espaço é totalmente tomado por energias. O vazio não existe, e não é porque você não enxerga com esses olhos e essa visão que a escuridão não é habitada. Existem especial-

mente no espaço lugares que bombardeiam luz o tempo inteiro. São as estrelas incandescentes, os astros em transformação,
visíveis a olho nu, e outros.

E a luz interior de cada um de nós, como falar sobre ela?
Essa é também de importância vital para nossa felicidade.
Devemos sempre procurar nos informar, aprender, estudar,
adquirir conhecimentos e compreensão sobre tudo e todas as
coisas. Quando compreendemos algo acendemos uma luz interior sobre o assunto. Quando resolvemos um problema, fazemos o mesmo. Quando somos bem-sucedidos em qualquer
assunto acendemos luzes sobre ele.

Quanto à bondade para com nossos familiares, amigos e
seres em geral, quando ajudamos algum deles acendemos
uma luz interior. Somos dotados de uma central energética
que vive dentro de nós, em nossos pensamentos, e só dependemos de nós mesmos para iluminá-los ou deixá-los no escuro. Luz é vida. Luz é evolução. Luz é tudo que devemos
procurar para evoluir.

ESPERANÇA

Todos esperamos nos tornar seres melhores e levar uma
vida saudável e tranquila. Essas devem ser nossas expec-
tativas ao reencarnarmos?

O que devemos é ter clareza de ideias e esperança a fim
de realizar com sucesso qualquer empreitada. A esperança
nos faz olhar para o futuro com fé e alegria, e as ideias nos
fazem realizar o presente conscientemente, com inteligência e sabedoria.

O termo "esperança" deve estar sempre em nossas palavras cotidianas?

Sim. Aquele que consegue manter a esperança, mesmo diante dos mais difíceis acontecimentos ou empreitadas, eleva o pensamento e se conecta às boas energias.

A esperança deve ser ensinada às crianças desde cedo, para que faça parte do seu dia a dia?

Sem dúvida. E quero reafirmar que, com as energias da esperança, criaremos um mundo melhor e seremos mais felizes.

Quando penso em esperança me lembro das guerras e de suas atrocidades, dos governantes egoístas e inescrupulosos, enfim, penso na maldade humana. Como manter a esperança de que o homem melhorará em situações assim?

Afirmo que, se você não tiver esperança diante dessas situações nem for capaz de mantê-la, ficará duplamente prejudicado. Primeiro, com a vida difícil que levará; depois, com as conexões espirituais que fará, que podem fazer total diferença no seu futuro. Digamos até que o pior aconteça: que você seja assassinado em nome desses governantes, ou morra em consequência dessas guerras. Se você morrer sem esperança se ligará às energias daquele modo de viver e pensar, e ficará bem mais difícil restabelecer-se e equilibrar-se. Se você morrer com esperança, acreditará em dias melhores e ficará conectado com essa energia.

Enquanto você viver, deve ter esperança de melhora e de boas realizações. É como um exercício mental que certamente fará você mais feliz.

E como manter a esperança em horas difíceis?

Você precisa aprender a manter a esperança dentro de si todos os dias: através de um sorriso seu, de uma palavra de afeto a um ente querido, de uma boa ação ao próximo etc. Só assim você aprenderá a ter sempre esperança. Um homem que aprende a ter esperança na vida, nas horas felizes e nas difíceis, é sem dúvida alguma um homem em crescimento, espiritualmente falando.

FELICIDADE

Acredito que todas as pessoas do mundo lutam para ser felizes, é verdade?

A felicidade é uma semente que cada um carrega dentro de si e deve ser cultivada, regada e bem cuidada. A felicidade é algo imaterial e subjetivo: para alguns, mais ligados à matéria, felicidade tem relação com bens materiais; para outros, ligados ao crescimento íntimo, tem que ver com novos conhecimentos e oportunidades. Mas, independentemente de como se encare a felicidade, acredito que de uma maneira ou de outra os homens buscam encontrá-la.

Pode haver felicidade na maldade?

As pessoas que fazem da vingança a sua felicidade, ao conseguir seu intento, acreditam momentaneamente que estão felizes, mas felicidade verdadeira só é conseguida através da bondade simples e pura, de nossa índole, de nossa alma.

Então as pessoas que se ligam ao mal também estão à procura da felicidade?
Sim, mas de forma errônea e ilusória. Acreditam que felicidade é composta de momentos, e não de estados permanentes.

Como procurar a felicidade em lugares tristes?
A felicidade está dentro de cada um de nós. Para alguns, os lugares tristes não lhe parecem tristes, pois dão condições de mudança e transformação a seres necessitados. Portanto, a felicidade pode e deve existir em todos os cantos do universo – depende somente de nós e de nossos pensamentos.

Como podemos ficar felizes vendo pessoas amadas partirem para a morte, privando-nos de sua presença?
A morte chega para todos, portanto não há rupturas, apenas um pequeno espaço para o reencontro. E você já pensou em como é necessária a nossa morte para que possamos progredir na escola da eternidade? Você já imaginou a felicidade de saber que o ente que está partindo continua nos amando, pois nada destrói o amor verdadeiro? Precisamos pensar não só num momento, mas no momento infinito de felicidade e glória, junto daqueles que amamos e dos que amaremos verdadeiramente algum dia. Isso é felicidade!

INIQUIDADE

Por que às vezes uma pessoa boa perde a cabeça e comete uma iniquidade, um crime?
Na vida aprendemos muitas coisas, mas uma, em especial, é importante: que nosso equilíbrio é um fio muito fino que deve

ser sempre exercitado para criar músculos e força. Os crimes passionais, que não são premeditados, mas de momento, acontecem por deixarmos esse fio se romper.

Acreditamos que somos poderosos e podemos decidir sobre a vida dos outros, mas na verdade somos seres imperfeitos à procura de melhora. Sempre sinto meu coração entristecer quando ouço histórias de casos de assassinato por amor, porque o amor verdadeiro, aquele que vem da convivência, do sofrimento e da compreensão liberta completamente. Liberta-nos de todas as amarras e também deixa livre o outro. Enquanto pensarmos que somos proprietários de alguém, teremos esse fio do equilíbrio à beira da ruptura.

Eu achava que os assassinos, na grande maioria, eram seres possessos, que sofriam de uma tremenda obsessão.

É difícil generalizar, pois existe de tudo. Seres que matam outros por estarem completamente obsidiados. Seres que matam pelo simples prazer de ter o poder sobre a vida ou a morte. Seres que matam por paixão, e não por amor, é claro. Enfim, até seres que matam pelas mais simples causas como ciúme, inveja, cobiça, desejos...

E como ficam esses assassinos depois que morrem?

Posso lhe assegurar que se eles tiverem consciência de seus atos serão corroídos por esses pensamentos e se aproximarão dos que são como eles, ou piores, em maldade e em ambição. Sofrerão por muito tempo, ou até que surja neles a vontade de melhorar e de progredir. A partir daí começará seu caminho para o resgate, que poderá levar várias vidas para acontecer.

Por que o senhor nos pediu para meditar sobre a palavra "iniquidade"?

Eu queria alertá-los sobre a tênue barreira que existe entre sermos bons ou maus. Essa barreira poderia ser rompida apenas pela falta de equilíbrio interior. Queria alertar sobre ser ou não um assassino, ou ter qualquer forma, pequena ou grande, de participação em atos graves dos quais fatalmente nos arrependeríamos. Queria mostrar que tudo depende única e exclusivamente do nosso equilíbrio. Equilíbrio esse que deve ser procurado, construído e mantido sempre por nós mesmos, únicos responsáveis por ele.

REGOZIJO

Quando fazemos coisas boas que nos alegram a alma, isso é regozijar-se, não é?

Sim, regozijar-se é mais do que se alegrar, é quando a alma fica satisfeita também.

O que devemos fazer para chegar a esse estado emocional?

Bem, o regozijo pode advir de atitudes muito boas ou até de atitudes muito más. O ser sente que seu interior ficou momentaneamente completo.

Para que a atitude do bem nos regozije, basta que façamos qualquer ato com amor. Amor ao próximo, ao amigo e até ao inimigo, que um dia também se transformará.

Regozijo tem que ver com nossa transformação interior?

Não, tem que ver com o sentimento de estar pleno, completo, satisfeito.

E por que o senhor nos disse para pensar nessa palavra? Como podemos crescer com ela?

Eu queria mostrar que a felicidade completa só se dá quando ocorre o regozijo da alma. Isso nos traz uma sensação de plenitude e paz – o que só pode acontecer com esta união: felicidade e regozijo.

Volto a perguntar, Mestre, como alcançar a felicidade e o regozijo ao mesmo tempo?

Volto a lhe afirmar que só os atos feitos com amor são dotados dessa energia-sentimento. Portanto, sempre que quiser fazer o bem ao próximo, lembre-se disso: faça com amor, esqueça o horário, as dificuldades, deixe as desavenças de lado e experimente unir a sua solicitude e bondade interior com o seu amor puro e simples. Assim você terá um exemplo do que essa força faz por nós. Eu até diria que ela nos faz rejuvenescer e nos torna mais belos. Experimente!

SATISFAÇÃO

Por que a satisfação é algo tão importante e procurado por nós?

Porque é o alimento da alma.

Por falar em alimento, as almas se alimentam?

Almas são energias inteligentes. Energia não precisa se alimentar com alimento material, mas sim com outras energias. A satisfação é uma energia de saciedade. Uma alma satisfeita é uma alma alimentada, plena de energia positiva.

Devemos, então, procurar a satisfação em tudo que fazemos?

Sim, a satisfação é decorrência de algo que deu certo. Tudo que fazemos e dá certo nos traz alegria e satisfação.

Por que o senhor escolheu essa palavra para meditarmos?

Eu quis alertá-los: nada que façamos somente por obrigação nos trará algum tipo de satisfação. O que realmente nos satisfaz é a tarefa que realizamos também com amor.

O amor é a real motivação de todo esforço, empenho e até dos sacrifícios que muitas vezes o trabalho exige para ser bem executado.

E a recompensa final é a imensa satisfação que preencherá sua alma.

SIMPATIA

Por que, às vezes, quando acabamos de conhecer uma pessoa brota instantaneamente uma simpatia (ou antipatia) entre nós?

Somos energias pensantes dotadas de um cadinho de experiências de longas datas. Como não entender a simpatia ou a antipatia entre as pessoas?

Os sentimentos ocorrem de acordo com a vibração energética dos pensamentos dessas pessoas. A simpatia é causada pela atração entre as energias, pela sintonia de pensamento que houve entre elas.

A antipatia, ao contrário, é consequência das energias que se repelem.

Simpatia e antipatia também estão ligadas ao nosso carma?

Podem ou não estar. Como somos energia e nos conectamos com energias, só isso é suficiente para simpatizarmos ou não com certas pessoas.

Devemos seguir a intuição suscitada por nossa simpatia?

Sigam sempre a intuição do coração, pois ele sente se a pessoa que você está conhecendo é boa ou não para você.

Então, simpatia tem que ver com intuição, mas não é a mesma coisa. Na intuição, é o coração que dá o recado. Na simpatia, é a nossa energia que se conecta à de outra pessoa.

Então, quando simpatizamos com alguém, não quer dizer que isso seja bom?

Isso significa que sua energia, talvez a mais escondida de seu consciente, se assemelha à dessa pessoa. O que nada quer dizer além de que tal pessoa tem pensamentos semelhantes aos seus.

A simpatia pode se dar no âmbito sexual?

Se você estiver conectado com pensamentos sobre sexo, você se conectará com pessoas com o mesmo tipo de pensamento, e acontecerá a simpatia imediata entre vocês dois. O que está longe de dizer que você está acertando ou evoluindo. Significa apenas que você está escolhendo, se conectando com quem quer se relacionar e se unir.

A simpatia é de total e livre escolha da pessoa, já que essa escolha é fruto de seus pensamentos e de suas tendências.

CONSEQUÊNCIA

É verdade que a vida que levamos hoje é consequência daquilo que fomos e vivemos em outra vida, e que aquilo que seremos será consequência daquilo que hoje somos e vivemos?

Sim, a consequência está ligada à lei de causa e efeito. E sempre resgatamos a energia que usamos mal, aquela que de alguma maneira plantamos, seja em forma de vivência ou de pensamentos.

Isso nos leva a perceber que até nossos mais íntimos pensamentos têm consequências?

Sim, isso nos mostra que tudo que fazemos ou pensamos influi na lei da energia – que sempre espalha as ondas que levarão a consequências.

É por isso que devemos vigiar também nossos pensamentos?

Sim, pois as ondas da energia negativa, espalhadas por um pensamento negativo, são captadas e conectadas a energias negativas, reforço que poderá até fazer o pensamento ruim se realizar. O bom é que o mesmo ocorre com os pensamentos positivos.

Causa e efeito e consequência são a mesma coisa?

A consequência é o acontecimento que decorre da lei da causa e efeito. Por exemplo: se quebrarmos um copo, em consequência poderemos cortar o dedo. Se quebrarmos (causa) um copo, o efeito é que o copo não está mais lá com a forma e a utilidade que tinha antes, e a consequência é o ferimento que os cacos dele podem nos causar.

Então, se conseguirmos, pela meditação, mudar nossos pensamentos para coisas boas, em consequência teremos uma vida feliz?

Mais ou menos, porque aí também se aplica a lei do carma, ou lei da causa e efeito. Não esqueça que você traz consigo uma bagagem de vidas e energias passadas e, em consequência disso, está situado no âmago dessas energias que criou anteriormente. Mas se hoje você pensa positivo em relação a tudo, vive positivamente, em consequência terá no futuro uma vida prazerosa, equilibrada e feliz.

INDULGÊNCIA

O que o senhor quer dizer com "indulgência"?

Refiro-me à pretensa facilidade com que os homens acreditam poder se livrar de seus erros apenas usando o dinheiro, o poder e a interferência.

Existe indulgência na espiritualidade?

Quando o homem acredita que existe, ele fica ligado a energias que enganam e gostam de zombar de suas fraquezas.

No mundo espiritual, o que existe são energias leves ou pesadas. Aquele que acredita que pode se livrar de seus erros barganhando indulgências se coloca automaticamente do lado das energias pesadas e negativas.

Então não existe indulgência?

Na verdade, o que existe é a pureza de fatos. Mas as trevas, os abismos, os umbrais estão cheios de pessoas que acreditam poder se livrar de seus erros usando apenas a influência, o poder e o dinheiro. O homem deve assumir seus erros, procurar corrigir-se e buscar melhorar para poder seguir em frente livre.

Existe algum poder no Além que possa nos condenar, como está implícito na frase "a justiça não é deste mundo"?

Você me fez uma pergunta capciosa, pois se nossa energia é límpida nós subimos aos céus, se é obscura sabemos que nos conectaremos com energia semelhante, e energias obscuras e pesadas não sobem ao reino dos céus.

Existem histórias nas quais é difícil acreditar, mas que estão ligadas às crenças e religiões do mundo. Já ouvi falarem de lugares onde existem juízes que julgam as pessoas e as condenam, como se fossem dotados dos conhecimentos superiores.

Aquele que crê na justiça de Deus, se arrepende de seus erros e quer se renovar não passa por esse tipo de situação constrangedora, mas por lugares de ensinamento, trabalho, conquistas e renovações, onde novas chances lhe são abertas.

Achei muito difícil entender o que significa indulgência.

Vamos resumi-la assim: se você acredita que negociará um salvo-conduto aqui na espiritualidade, você se conectará com o mundo de energias escuras. Se você acredita que poderá se renovar trabalhando e resgatando seu erro, você se conectará com energias puras que o levarão para a frente e para o alto.

ANÁLISE DE VIDA

Quando o senhor acha que devemos fazer uma análise de nossa vida?

Bem, eu diria que uma análise completa deve ser feita todos os anos, na mesma data. Digo na mesma data para que essa análise se transforme em rotina. Nela você deve levantar seus erros e acertos e definir as novas metas para o ano seguinte.

Nessa análise devemos colocar coisas corriqueiras também ou só os assuntos de nível espiritual?

Uma análise de nossa vida deve focalizar tudo sobre nós mesmos e sobre o que nos rodeia. Não só o que pensamos, mas também o que fazemos, as coisas da vida que nos agradam e as que nos desagradam. Devemos fazer uma análise do que aprendemos com as dificuldades e também com as facilidades e anotar tudo, para que, no ano seguinte, possamos comparar e ver em que aspectos da nossa vida progredimos.

Para melhorar sempre, devemos trilhar uma estrada iluminada por esperança e confraternizações, visando não só o nosso bem, mas também o bem maior, comum a todos os que nos rodeiam. É preciso, ainda, analisar se estamos evoluindo do ponto de vista da compreensão.

Assim, precisamos pensar nos assuntos referentes à casa e à família, ao trabalho, aos amigos e a outros especiais, como lições, conhecimentos, medos e angústias. E sempre se deve fechar o ano com palavras de esperança e visão positiva.

Para que servem essas análises, ainda mais por escrito?

Para que você possa memorizar os bons e os maus atos que cometeu, os bons e os maus momentos que vivenciou, e para que fiquem registrados os seus erros e acertos, para que no ano seguinte você não incorra mais nos mesmos erros e acerte bem mais. O que foi escrito está gravado no papel, fixa-se melhor na memória e ainda faz que você materialize esses pensamentos e consiga digeri-los melhor.

Conheço o senhor há pelo menos 30 anos e só agora o senhor me ensina essa regra que me parece bem sábia e de grande ajuda. Por que não me ensinou antes?

Minha amiga, a vida é feita de lições e de passagens. Nunca se colocam as lições adiante das passagens, pois aí elas perderiam o sentido, não seriam compreendidas. Agora, depois de tantas passagens e de tantas lições, acredito que você está pronta para fazer a primeira análise de sua vida e continuar a fazer isso sempre.

Gostaria também que ficasse tudo escrito, para que depois de muitas lições e de muitas vivências os aprendizes da espiritualidade, que buscam o conhecimento e a melhora interior, adotem também essa regrinha.

PLENITUDE

É possível chegar à plenitude ainda em vida?

Como não? Essa é a nossa procura. Para alcançar a plenitude, cada pessoa escolhe livremente seus caminhos e a alcança quando realiza seus objetivos de vida.

Pessoas com objetivos mais simples, dentro dessa simpli-

cidade, alcançam logo a plenitude, assim como as que já estão satisfeitas com os progressos obtidos em experiências passadas e nesta vida.

E existem outras que só a encontram com objetivos mais altos, quando descobrem uma razão maior de viver.

A plenitude de cada um é alcançada por objetivos e caminhos diferentes, e, sem dúvida, muitos a encontram ainda em vida.

Existe uma fórmula ou um caminho para encontrá-la?

Você quer dizer uma regrinha ou um atalho? Infelizmente não, é necessária vontade interior de progredir e de encontrá-la, o que vem a representar a base mesmo dessa busca.

O edifício da plenitude vem depois, quando existir dentro de nós a paz, a misericórdia, a humildade e a compreensão. Essa procura é individual e cada um escolhe os próprios caminhos.

É difícil chegar à plenitude?

Acredito que não é nada difícil encontrá-la. É preciso começar sendo gratos pela vida que levamos e também aos seres superiores que nos protegem e ensinam. Começando assim, já estaremos nos sintonizando com uma energia superior de luz e amor que facilitará a nossa caminhada.

Compreendendo a tudo e a todos encontramos uma grande parte de nossa plenitude. E, ao nos doarmos plenamente aos outros e à vida com alegria e paz, estaremos bem próximos de atingi-la ainda em vida.

E as energias negativas que nos bombardeiam todos os dias, com notícias angustiantes e circunstâncias difíceis?

Como não nos deixar influenciar por fatos e ideias que atrapalham a nossa paz interior?

O meio externo sempre existiu e sempre existirá, mas ele não é desculpa para que não encontremos a paz interior. Pode ser encarado como desafio a vencer para conseguir ultrapassar o impacto. Isso decorrerá às vezes da compreensão, outras vezes do amor ou da gratidão. Uma pessoa plena não se afeta com as notícias ruins ou difíceis, ela as enfrenta e sente que tem positividade, energia e fé suficientes para ultrapassá-las. Acontecimentos e energias negativos existem, assim como existem os positivos. Só devemos nos conectar com os positivos para não perder a plenitude.

IMPERFEIÇÃO

Se fomos criados à semelhança de Deus, por que somos tão imperfeitos?

Essa semelhança se refere à energia e à luz que carregamos dentro de nós. Também tem relação com liberdade de escolha, o que nos deixa ainda mais próximos d'Ele. E foi essa liberdade que nos permitiu buscar e encontrar, por nós mesmos, com nossos erros e acertos, a vida que estamos querendo viver.

Chegaremos aonde essa liberdade nos levar, sob nossa responsabilidade – e é isso que nos engrandece como seres humanos.

Se somos imperfeitos, foi-nos dada a capacidade de livremente melhorar.

VIVER, MORRER E O DEPOIS...

Então o senhor acredita que estamos caminhando para a perfeição?
Com certeza, basta ver a história da evolução da humanidade. Isso não sou eu que acho, está comprovado.

Como saber se estamos nos tornando menos imperfeitos?
Existem vários caminhos para isso, mas posso lhe afirmar de antemão que, se você tem mais sensibilidade, sente-se mais emotivo e amoroso, você está se tornando menos imperfeito.

Se quiséssemos seguir o caminho certo da evolução, o que o senhor nos sugeriria?
Primeiro, que passassem a pensar em todos, e não só em si mesmos. Não façam aos outros aquilo que não querem que façam a vocês. Aliás, não façam, falem ou pensem. E completaria dizendo que grandes mestres deixaram seus ensinamentos para que o homem evoluísse e chegasse à perfeição.

E quanto à procura cada vez maior do homem pela tecnologia, acompanhada do crescente descaso com a natureza?
É uma atitude dúbia. O homem tem de evoluir para unir crescimento científico e tecnológico ao respeito pelo meio ambiente. Mas acredito que ele logo tomará total consciência de seus erros, pois a cada ação contra a natureza existe uma reação, como acontece em todas as áreas do universo. E ele já vem constatando isso pelas várias e imensas catástrofes que têm ocorrido.

EQUILÍBRIO E SINTONIA

Quando as pessoas estão equilibradas, elas automaticamente estão em boa sintonia?
Sim, pois todas as forças dela estão interagindo de forma equilibrada.

Podemos dizer que pessoas que têm boa sintonia têm também equilíbrio?
Sim, ambos andam de mãos dadas. O encontro do equilíbrio e da sintonia positiva é uma busca diária do homem, e essa é a luta que devemos travar todos os dias: procurar nos equilibrar, aceitando as situações, recebendo notícias ruins com calma e paciência, tendo em mente que elas se resolverão e tudo melhorará. Precisamos encontrar o ponto de equilíbrio interior para todas as horas, e isso implica aprender a meditar.

Para encontrar equilíbrio e sintonia positiva é necessário adquirir o hábito da meditação, como tenho insistido.

É possível adquirir equilíbrio e boa sintonia por intermédio da prece?
Pela prece conseguimos a boa sintonia, mas não o equilíbrio, ao passo que pela meditação o conseguimos. Tente, pois, juntar os dois: comece com a prece e em seguida medite.

FESTIVIDADES

É importante manter as festividades religiosas?
Qualquer festividade, seja de ordem religiosa ou não, é de importância fundamental para a sociedade, pois agrega

as pessoas, faz que se conheçam, interajam e se integrem nesse todo.

Quanto às festividades religiosas, elas representam as nossas tradições, as tradições de um povo, e devem continuar a ser cultivadas para que nos sintamos mais seguros e ligados aos nossos costumes.

Pessoalmente, tenho problemas com relação a festas ou a qualquer tipo de festividade. Sou arredia a tudo isso. Como posso mudar?

Festas e festividades são de ordem moral e social. As energias nessas horas são mais elevadas e felizes, proporcionando momentos de encantamento e alegria.

Procure imaginar que esses momentos felizes de participar de festas, encontrar amigos, trocar ideias devem ser superiores aos de jogar palavras ao léu. Aproveite se alegrando com tudo e com todos. Esse é um bom ensinamento para você.

A PALAVRA

É verdade que a palavra vem sempre carregada com os sentimentos de quem a profere? Esses sentimentos podem nos afetar diretamente?

Se em essência somos energia, quando nos imantamos de energias positivas, ao falarmos e nos expressarmos lançamos dardos dessa energia ao redor, e mais diretamente àquele com quem estivermos dialogando. O mesmo sucede se nos imantarmos de energias negativas.

E como essas energias podem nos afetar?

Na verdade, dificilmente percebemos a influência que sofremos quando recebemos choques, mas quando eles são negativos mudamos de humor na hora e começamos a nos sentir meio incomodados. Quando positivos, sentimos alegria e leveza e gostamos de conversar e da presença de quem está conversando conosco.

Os políticos que discursam para plateias também emanam energias?

Bem colocado. Todos nós emanamos energias positivas ou negativas quando falamos, mas existem também as energias dissimuladas – aquelas que quando ouvimos apreciamos, mas sentimos algum incômodo depois. Quando vivenciarmos essas sensações dúbias nos discursos, certamente a pessoa é dissimulada. Muitos políticos se especializam em dizer aquilo que você quer ouvir, mas fazem e pensam aquilo que querem fazer. Nesse caso, as energias que esses políticos nos dirigem não são boas e nos lesam de alguma forma.

O assunto é bem extenso, mas sabemos que a palavra é uma arma poderosíssima, para o bem e para o mal, não é verdade?

Sim, e agora você se conscientizou de que ela também vem dotada de energia. Portanto, precisamos pensar antes de falar, pois seremos responsáveis pelas palavras que formularmos.

Na maioria das vezes, quando estamos irritados falamos demais e sem pensar, podendo dizer bobagens. Como melhorar isso dentro de nós?

Primeiro: de agora em diante, lembre-se de que palavras são energias que você envia a seu interlocutor.

Segundo: que os outros não devem sofrer as consequências do nosso desequilíbrio.

Terceiro: pare um pouquinho antes e se acalme, respire fundo e eleve o pensamento para que suas energias negativas possam se dissipar.

Quarto: responsabilidade sempre, para com tudo e para com todos.

Estive em Jerusalém, marco das três grandes religiões – judaísmo, islamismo e cristianismo – e me perguntei se o homem não aprendeu nada com o que ouviu. Foram palavras jogadas ao vento? Se ele reencarna para evoluir, como, depois de tantos séculos, as pessoas continuam se matando por religião?

Como você mesmo viu, o homem ainda precisa de muita luz para iluminar seus pensamentos e seu caminho. Ele anda vagarosamente, passo a passo, para aprender uma simples lição, a de que todos somos irmãos, todos viemos da mesma essência e todos nos uniremos a ela de novo. Enquanto ele não se conscientizar e transformar suas diferenças em amor ao próximo, as guerras, as injustiças, as revoltas e a dor continuarão a cobrir seus caminhos, seja na Terra, seja nos céus.

Mas dizer que o homem não caminhou nada não é certo. Sim, ele deu passos pequeninos, mas o fez para a frente. Antes o homem só era comparável às maiores bestas animais e ainda carregava sentimentos dos piores predadores terrenos. Hoje ele tem alguma consciência, embora muitos usem isso para pensamentos extremos, como fazem os homens-bomba em sua crença errônea no Paraíso. Mas você não pode negar que, mesmo eles, acreditam que estão fazendo o bem para a coletividade.

Por isso, livros que ensinem sobre a verdade do amor ao próximo e sobre nossa imortalidade são tão importantes. Se forem bem divulgados e escritos com amor no coração, eles atingirão alguns alvos e farão que muitas pessoas cortem caminho para a evolução.

Mensagem especial

São 6 horas da tarde.

Concentro-me. Ao meditar, não sou levada ao jardim de nossos encontros e meu Mestre explica: "O livro está terminado".

Acrescenta que mais livros virão. Talvez não através dele, pois minha energia também está conectada a outros mestres.

Quando desenvolvemos a mediunidade e a recebemos como uma responsabilidade e um serviço, devemos estar sempre disponíveis, como um canal aberto para intermediar a generosidade do dar e receber. O médium deve ser uma ponte de amor entre os dois mundos que habitamos, o de cá e o de lá.

Então, meu Mestre finalizou o encontro com uma mensagem especial:

A morte não existe porque somos energia.

Estamos no universo à procura de um mesmo fim: o encontro de nossa luz, de crescimento, da esperança, da felicidade e do amor eterno.

Somos seres insaciáveis à procura da felicidade total.

Este livro é uma energia que não pertence à autora, não pertence a mim nem a ninguém, ele é de todos.

Foi escrito para iluminar aqueles que vêm em busca de suas palavras; algumas delas talvez atraiam o leitor, outras podem lhe causar repúdio.

Não importa o que aconteça, no final sempre restará algum aprendizado.

Uma porta se abrirá para aqueles que acreditam que a morte é o fim.

Essa abertura pode não ser uma informação confortável, talvez levante dúvidas, mas permanecerá no subconsciente e no momento certo surgirá como uma intensa indagação: será este o fim?

Quando isso acontece, significa que a pessoa já está preparada para ouvir uma resposta. E evita que ela permaneça em estado de choque ou em hibernação após a morte, em sofrimento, estagnada, perdendo um tempo que poderia ser utilizado em seu benefício e no de outras pessoas.

Eis a principal razão de ser deste livro: dizer-lhes, mesmo que vocês ainda não acreditem, que a morte não existe.

Posfácio

Ao escrever a última frase deste livro me veio a estranha sensação de despedida, de algo que se concretizou. Uma forma que independe de mim e se vai porque não me pertence, jamais me pertenceu. Um todo, com vida própria, que esteve aprisionado e se libertou. A impressão é a de que em mim nada restou e de que nada me foi tirado.

Mas não virei a última página, não fechei o livro, porque estou inteira dentro dele.

Ao longo da minha vivência de espiritualidade, numa das muitas vezes em que o Mestre se fez presente, ele terminou sua fala dizendo: "Sempre que uma lição acaba outra surge".

Esta frase ressoou com enorme frequência em meu pensamento ao longo do tempo.

O que eu nunca havia previsto é que nessa última tarefa, aqui transcrita, eu poderia ser colocada à prova em minha vida pessoal.

Quando fui encarregada de escrever este livro, eu estava no exterior. Ao finalizá-lo, também estava fora do Brasil. Recebi então um telefonema da família avisando que meu pai tivera um AVC grave, em função da área do cérebro atingida, e estava em coma.

De volta ao Brasil, fui ver meu pai querido na UTI. A visão de meu amigo de sempre, tão amado, ali entubado, inerte e só numa cama de hospital, sem o aconchego da família, tirou-me o equilíbrio. Eu não podia acreditar em como estava me sentindo mesmo depois de ter aprendido passo a passo, dia após dia, as lições de meu Mestre espiritual. A de que a morte não existe, de que é a continuidade da vida e a vida a continuidade da morte.

Não esqueci, porém, as lições de compaixão. Eu o envolvi com um amor imenso e consegui dizer, bem baixinho em seu ouvido, com as palavras de nossos diálogos cúmplices, que nós todos o amamos. Falei também das alegrias que o esperam, fruto do que ele semeou em sua vida, e da felicidade próxima de seus reencontros. E então me aquietei um pouco com a certeza de que eu também o reveria um dia.

Consegui resgatar os ensinamentos. Embora, preciso admitir, eles não me tirassem a dor e o sofrimento dessa hora. Mas eles me confortaram, me ensinaram a lidar com a situação e a retomar o equilíbrio necessário para tentar ajudar meu pai a seguir em frente com paz e tranquilidade.

Dói, dói muito perder ou ver uma pessoa querida doente. Essa é a nova e amarga realidade que aprendi com esse episódio. Que me obriga, diante do inevitável, a aceitar, a prosseguir, a me superar colocando em prática a cada dia o que aprendemos com nossos sofrimentos e as lições que a vida nos traz.

Agora eu também estou dentro deste livro e vou com ele.

LEIA TAMBÉM

QUANDO COISAS ESTRANHAS COMEÇAM A ACONTECER
REF. 20011
ISBN 85-7183-011-8

Fenômenos estranhos, fora dos padrões convencionais – como visões, premonições e transfigurações – são muito assustadores para quem não tem uma crença ou convicção que os justifiquem. Era o caso de Ilana Skitnevsky, autora de *Quando coisas estranhas começam a acontecer.*

Ela conta aqui, com simplicidade e sem pirotecnias, a vivência pessoal de perturbações que fizeram parte de sua vida desde a infância. Uma vida, em todos os outros sentidos, absolutamente normal.

Já na idade adulta, com a ajuda e a orientação de pessoas que estudam o espiritismo com seriedade, Ilana encontrou seu ponto de equilíbrio e a forma de lidar com a mediunidade.

Hoje, ela pratica e estuda o assunto. E, apesar da timidez e do grande apreço pela própria privacidade, Ilana seguiu o conselho de seu guia e resolveu contar sua história neste livro, para ajudar aqueles que sofrem manifestações incompreensíveis que assustam e afastam as pessoas.

Quem não tem esse tipo de perturbação também se beneficia desta leitura: ela nos torna mais humildes diante dos mistérios da vida.

IMPRESSO NA **sumago** gráfica editorial ltda
rua itauna, 789 vila maria
02111-031 são paulo sp
tel e fax 11 **2955 5636**
sumago@sumago.com.br

GRÁFICA
sumago

CARTA-RESPOSTA
NÃO É NECESSÁRIO SELAR

O SELO SERÁ PAGO POR

AC AVENIDA DUQUE DE CAXIAS
01214-999 São Paulo/SP

CADASTRO PARA MALA DIRETA

Recorte ou reproduza esta ficha de cadastro, envie completamente preenchida por correio ou fax, e receba informações atualizadas sobre nossos livros.

Nome: _____ Empresa: _____
Endereço: ☐ Res. ☐ Coml. _____ Bairro: _____
CEP: ____-____ Cidade: _____ Estado: _____ Tel.: ( ) _____
Fax: ( ) _____ E-mail: _____ Data de nascimento: _____
Profissão: _____ Professor? ☐ Sim ☐ Não Disciplina: _____

1. Você compra livros:
☐ Livrarias ☐ Feiras
☐ Telefone ☐ Correios
☐ Internet ☐ Outros. Especificar: _____

2. Onde você comprou este livro? _____

3. Você busca informações para adquirir livros:
☐ Jornais ☐ Amigos
☐ Revistas ☐ Internet
☐ Professores ☐ Outros. Especificar: _____

4. Áreas de interesse:
☐ Psicologia ☐ Comportamento
☐ Crescimento interior ☐ Saúde
☐ Astrologia ☐ Vivências, Depoimentos

5. Nestas áreas, alguma sugestão para novos títulos? _____

6. Gostaria de receber o catálogo da editora? ☐ Sim ☐ Não
7. Gostaria de receber Informativo Summus? ☐ Sim ☐ Não

Indique um amigo que gostaria de receber a nossa mala direta

Nome: _____ Empresa: _____
Endereço: ☐ Res. ☐ Coml. _____ Bairro: _____
CEP: ____-____ Cidade: _____ Estado: _____ Tel.: ( ) _____
Fax: ( ) _____ E-mail: _____ Data de nascimento: _____
Profissão: _____ Professor? ☐ Sim ☐ Não Disciplina: _____

Editora Ágora
Rua Itapicuru, 613 7º andar 05006-000 São Paulo - SP Brasil Tel.: (11) 3872-3322 Fax: (11) 3872-7476
Internet: http://www.summus.com.br e-mail: summus@summus.com.br

cole aqui